Francesca Albanese

QUANDO IL MONDO DORME

STORIE, PAROLE E FERITE DELLA PALESTINA

Rizzoli

p. 9: Salman Abu Sitta, *La mappa del mio ritorno*, Edizioni Q, Roma 2020, traduzione di Barbara Gagliardi, p. 9; p. 31: Italo Calvino, *Il sentiero dei nidi di ragno*, Mondadori, Milano 2012, ed. dig.; p. 56: Mohammed El-Kurd, *Rifqa*, Fandango Libri, Roma 2022, traduzione di Emanuele Bero, p. 76; p.137: Elio Vittorini, *Uomini e no*, Mondadori, Milano 2014, ed. dig.; p. 181: Anna Politkovskaja, *Per questo*, Adelphi, Milano 2009, traduzione di Claudia Zonghetti, ed. dig.; pp. 188-189: Eyal Weizman, *Spaziocidio*, Mondadori, Milano 2022, traduzione di Gabriele Oropallo, pp. 11-12; p. 203: Edward W. Said, *Sempre nel posto sbagliato*, Feltrinelli, Milano 2009, traduzione di Adriana Bottini, ed. dig.; p. 249: Refaat Alareer (a cura di), *Gaza Writes Back*, Lorusso Editore, Roma 2019, traduzione di Luigi Lorusso (collaborazione di Valentina Iacoponi), pp. 19-20; p. 251: Samih al-Qasim, *Versi in Galilea*, a cura di Wasim Dahmash, Edizioni Q, Roma 2005; pp. 254-255: Thich Nhat Hanh, *La pace è ogni passo*, Astrolabio-Ubaldini, Roma 1993, traduzione di Letizia Baglioni, pp. 83-84.

Pubblicato per

Rizzoli

da Mondadori Libri S.p.A.

ISBN 978-88-17-19532-4

Prima edizione: maggio 2025
Decima edizione: settembre 2025

Cura dei testi: Angela Lombardo
Realizzazione editoriale: Studio editoriale Littera, Rescaldina (MI)

QUANDO IL MONDO DORME

Per la prima volta, mi sento veramente indignata.
Indignata per l'indifferenza.

La violenza di questo genocidio, il modo in cui è entrato
nella nostra quotidianità
e la consapevolezza che alcuni non ne sono toccati per niente,
mentre altri sono stati devastati.

Pensare che mi trovo di nuovo di fronte a funzionari
di Paesi che – tutti insieme e qualcuno più degli altri –
potrebbero fermare tutto questo.
Basterebbe un colpo di penna.

Mi sento indignata e delusa,
come spesso mi capita in questa sala,
vedendo molti di voi che continuano a recitare lo stesso copione.

Naturalmente condanniamo l'attacco di Hamas.
Naturalmente esprimiamo solidarietà alle vittime israeliane.
Naturalmente chiediamo il rilascio degli ostaggi.

Ma è possibile che dopo l'uccisione di
quarantaduemila persone a Gaza
ci sia ancora qualcuno che non riesce a empatizzare
con i palestinesi?

Ecco: chi di voi oggi non ha detto neanche una parola
su quello che sta accadendo a Gaza
dimostra che l'empatia è svanita da questa sala.
L'empatia è il collante che ci rende uniti come umanità.

E non è una questione di carità nei confronti dei palestinesi.
È una questione che riguarda il rispetto delle vostre funzioni,
che comporta anche l'obbligo per i vostri Stati
di garantire con fermezza
l'applicazione della Convenzione sul genocidio
per prevenire questo crimine.

E quindi, se è vero che oggi siamo qui con l'intenzione
di onorare il diritto internazionale,
non c'è altro modo che imporre sanzioni a Israele,
rivedendo i legami diplomatici, economici,
politici, militari e strategici
che intratteniamo con questo Stato.

E che questo possa essere l'ultimo genocidio
nella storia dell'umanità.

Francesca Albanese,
estrapolazioni dall'intervento
all'Assemblea generale ONU, 30 ottobre 2024

Introduzione

La solidarietà è una declinazione politica dell'amore?

> Sono diventato profugo a dieci anni. Nella mia testa di bambino mi interrogavo sul nemico invisibile che mi distruggeva la vita. Che aspetto aveva? Era un essere umano o una bestia? Perché mi aveva reso profugo? Cosa gli avevo fatto? Da dove veniva? Che lingua parlava?
>
> SALMAN ABU SITTA, *La mappa del mio ritorno*

Negli ultimi tempi mi sono ritrovata molto spesso a ripensare a Orwell. Il suo famoso proclama, secondo cui «la guerra è pace, la libertà è schiavitù, l'ignoranza è forza», non mi è mai parso così attuale e pertinente come nel dibattito di questi mesi su Israele e Palestina.

Molti, per esempio, continuano a parlare di quello che sta succedendo a Gaza come di un «conflitto». O, peggio ancora, di un conflitto cominciato il 7 ottobre 2023. In questa lettura c'è tutta la superficialità di chi inizia un libro a metà, ignorandone tante pagine che custodiscono vivide tracce di sangue e dolore: una storia che in realtà affonda le sue radici ben più lontano e che continua a rimanere ignorata.

Così come rimane ignorato e sordo il richiamo alla

giustizia che il popolo palestinese sostiene da quasi un secolo, per il regime di apartheid che lo opprime da generazioni e lo strazio assurdo di quello che sta accadendo dalla fine del 2023 e continua ad accadere anche dopo il supposto cessate il fuoco tra gennaio e marzo 2025: un genocidio in piena regola.

L'orrore di Gaza è senza precedenti. Quando dico che Israele sta scrivendo una delle pagine più nere della storia, paragonabile ai genocidi del passato, molti mi rispondono che non lo sappiamo ancora con certezza, che bisogna aspettare il verdetto della Corte internazionale di giustizia. Ma la Corte – l'organo volto a dirimere le controversie tra gli Stati e fornire pareri consultivi su questioni di diritto internazionale – ha affermato già a gennaio 2024 il rischio di genocidio, ordinando agli Stati di intraprendere azioni che fermassero gli atti genocidari di Israele. Molti Paesi però sembrano non capirlo, o volutamente ignorarlo. Il trattato internazionale si chiama Convenzione per la *prevenzione* e la repressione del delitto di genocidio: come possono gli Stati prevenirlo, se non agendo prontamente quando se ne presenta il rischio (come d'altronde afferma la Corte di giustizia)?

E anche lasciando da parte l'aspetto legale, com'è possibile non esprimersi di fronte ad atrocità di questa spietatezza?

Quando mi sono trovata a Berlino nel maggio 2024, poche settimane dopo aver presentato all'ONU il rapporto «Anatomia di un genocidio», ero ancora una voce fuori dal coro nel denunciare in questi termini i crimini di Israele in corso a Gaza. Escludendo il procedimento pendente avviato dal governo sudafricano presso la Corte internazionale di giustizia nel dicembre 2023, con l'accusa che Israele stesse commettendo atti di genocidio contro la popolazione palestinese a Gaza, non c'era praticamente altra letteratura in proposito.

Qualche studioso illustre, come lo storico Raz Segal, ne aveva parlato immediatamente dopo il 7 ottobre, ma erano voci isolate. Anche un altro noto storico israeliano, Ilan Pappé, già nel 2006 denunciava le pratiche israeliane nella Striscia di Gaza come un *incremental genocide*: un genocidio che gradualmente aggrava la sua violenza e la sua intensità. Eppure all'interno delle Nazioni Unite nessuno osava pronunciare quella parola proibita nei confronti di Israele. Nessuno tranne me e alcuni altri Relatori e Relatrici ONU, soprattutto quelli provenienti da Paesi della Maggioranza globale (o Sud globale), per molti dei quali è ancora vivo il trauma della colonizzazione e dei genocidi che gli europei hanno perpetrato nel corso di mezzo millennio dall'America Latina all'Africa all'Asia.

«Anatomia di un genocidio» era stato il primo rapporto a fornire alle Nazioni Unite un'articolata denuncia del fatto che le operazioni militari israeliane nella Striscia rivelassero l'intenzione di annientare Gaza in quanto tale, di distruggere tutto. A Berlino, dove mi aspettava un ciclo di incontri e conferenze, sono stata accolta con grande interesse dalla società civile e dalla comunità dei think tank tedeschi.

Meno di un anno dopo, l'accoglienza in Germania per un nuovo ciclo di eventi pubblici si è rivelata molto diversa. Oggi sono tantissime le voci che supportano la mia interpretazione dei fatti e la loro qualificazione giuridica come genocidio, occupazione illegale, colonialismo di insediamento e apartheid, tra gli altri illeciti imputabili allo Stato di Israele. Però la repressione nei confronti del messaggio che porto, delle mie funzioni e della mia persona è cresciuta senza precedenti, come l'intolleranza nel dibattito sulla questione israelo-palestinese. Quindi, che cosa è cambiato?

Subito prima di arrivare in Germania, a febbraio 2025, i due eventi universitari ai quali dovevo partecipare nel Paese sono stati cancellati sotto pressioni politiche. Il primo – una lezione all'Università di Monaco – è stato annullato immediatamente. Tuttavia, grazie agli studenti, sono riuscita comunque a tenere la lezione in un centro di accoglienza per rifugiati che non dipende dal governo, ma si sostiene con fondi privati e ha un direttore coraggioso che non ha ceduto alle pressioni.

Anche all'Università di Berlino avrei dovuto tenere una conferenza insieme a Eyal Weizman, un esperto israeliano di architettura forense; però, quando siamo arrivati, l'università aveva già cancellato l'evento pubblico. Hanno proposto di farlo a porte chiuse, ma abbiamo rifiutato; non avrebbe avuto senso essere andati fin lì per tenere un incontro che poteva essere seguito solo online. Alcuni professori e gli studenti sono riusciti a spostare l'evento in un centro culturale che poteva ospitare fino a seicento persone (anche se a quel punto c'erano già milleduecento iscritti). Però l'ambasciatore israeliano, la polizia, vari politici, un ministro e altre figure istituzionali hanno fatto ulteriori pressioni: dopo aver spinto l'università ad annullare la conferenza, hanno minacciato di revocare le sovvenzioni al centro culturale se avesse davvero accettato di ospitare l'evento. Di fronte al rischio di dover chiudere per assenza di fondi, il centro ha ceduto; salvo comunque ritrovarsi, la mattina successiva, i muri imbrattati dalle scritte dei soliti gruppi pro-Israele: ALBANESE ANTISEMITA, ALBANESE TERRORISTA, con insulti contro di me e contro le Nazioni Unite.

Alla fine l'evento si è tenuto lo stesso, ma nella sede del giornale «junge Welt», dove c'era posto solo per cento persone. Fuori c'era tantissima gente ammassata. Nel frattempo, la polizia aveva circondato l'edificio di agenti in tenuta antisommossa, con manganelli e mitragliette in bella vista: è in questa cornice che Eyal Weizman e io abbiamo parlato di pace per un popolo che sta soffrendo.

In Germania, come in altre parti d'Europa e in modo sempre più spudorato negli Stati Uniti, la repressione ha assunto toni estremamente violenti. Nei mesi scorsi ho avuto modo di leggere molte volte di cariche della polizia nei confronti di studenti e di chi manifesta insieme a loro, e talvolta di assistere a queste scene con i miei occhi. Le forze dell'ordine picchiano, bastonano, incarcerano persone di ogni età e nazionalità: in primis, palestinesi ed ebrei antisionisti.

Il dramma è doppio. Non solo queste persone si battono per fermare dei crimini atroci, ma lo fanno esercitando il loro sacrosanto diritto di critica e dissenso; un diritto che fa da corollario a una libertà d'espressione ancora più fondamentale e che dovrebbe rappresentare uno dei baluardi delle nostre cosiddette democrazie liberali.

In cosa consiste la democrazia, se non ci può essere spazio per il dibattito?

Delle persone dei think tank che avevo incontrato a Berlino l'anno precedente, questa volta non si è presentato nessuno. Dei diciotto delegati delle ONG, sono venuti solo in tre.

Poi, la sera prima dell'evento nella sede di «junge Welt», c'è stata la minaccia di arresto. La polizia federale tedesca ha contattato le organizzazioni promotrici perché mi avvisassero di non presentarmi, altrimenti avrei potuto essere arrestata per violazione delle leggi tedesche sull'antisemitismo. Dopo una notte quasi insonne, alle sei del mattino ho chiamato Max, mio marito, e gli ho detto: «Non so cosa devo fare, Max... Io so che sto facendo la cosa giusta, ma non voglio essere arrestata, non vedo i bambini da venti giorni».

Lui mi ha risposto, serafico: «Tu vai tranquilla e fai quello che devi fare. Noi siamo qui».

Così sono andata.

Ma è dovuta intervenire l'ONU, ricordando alla polizia tedesca che in quanto Relatrice delle Nazioni Unite godo dell'immunità diplomatica, e che un mio arresto sarebbe stato uno scandalo senza precedenti. Solo così si sono calmati, ma comunque l'evento si è tenuto praticamente sotto assedio: oltre alla ventina di camionette fuori dalla sede del giornale, poliziotti in tenuta antisommossa gremivano la sala. Sono arrivata con il sorriso, facendo finta di niente; quando sono salita sul palco, avevo il cuore colmo di indignazione, ma questo non mi ha impedito di esprimermi in modo chiaro e preciso. Alla fine dell'evento, Michael Barenboim, violinista e professore alla Barenboim-Said Akademie, ha suonato con dei violinisti palestinesi. È stato bellissimo. E il giorno dopo Melanie Schweizer, una funzionaria del governo tedesco che aveva partecipato all'evento, già sospesa per la sua posizione critica nei confronti delle politiche israeliane, è stata licenziata.

Questo è il livello della repressione che si respira oggi in Germania.

***

La crisi a Gaza è ormai sintomo di una crisi globale, come diceva già un anno fa la mia collega Irene Khan, Relatrice speciale delle Nazioni Unite per la promozione e la protezione del diritto alla libertà di opinione e di espressione.

Penso sempre più spesso che tutto questo, pur dovendo incutere paura, deve anche infonderci coraggio. Il sistema che reprime i palestinesi – un'alleanza ben collaudata tra Israele e tutti gli altri Stati le cui élite gli garantiscono l'impunità di cui gode da sempre – è lo stesso al quale apparteniamo noi. È il sistema che decide al posto nostro su questioni determinanti della vita di tutti noi, senza necessariamente ascoltarci e rappresentarci; quello che trasforma il lavoro in precariato e i diritti in privilegi, che fa in modo di alienarci gli uni dagli altri, rendendoci tutti più fragili e insicuri; che considera la solidarietà un atto sovversivo e l'empatia una forma di disfunzione mentale e sociale. Sono meccanismi subdoli, che un giorno dopo l'altro contribuiscono a disintegrare i legami e compromettere la nostra capacità di agire insieme per una causa giusta, dall'ambiente alla Palestina, passando per i lavoratori precari e le questioni di genere. Spesso mi è capitato di riflettere sul fatto che per me la Palestina è stata la pillola rossa di *Matrix*, quella che ti apre gli occhi sulla realtà nascosta delle cose. Il mio lavoro, tutto lo studio di questi anni sulla questione palestinese, mi ha aiutato a vedere e capire meglio il sistema in cui viviamo. E, in un modo controintuitivo, a continuare ad amarlo.

Nell'ultimo periodo ho compreso davvero il valore del coraggio che serve per contrastare gli ingranaggi del sistema. Ho avuto tantissime occasioni per osservare e farmi delle domande, durante mesi di incessanti viaggi nei quali ho incontrato una moltitudine di volti e storie: rappresentanti delle autorità, membri della società civile, studiosi e intellettuali, lavoratori, sindacati e, soprattutto, tantissimi studenti e persone comuni. Gente speciale che cerca parole utili e importanti, che desidera trovare speranza da scambiarsi e condividere. Mi è accaduto negli Stati Uniti, in Australia, Nuova Zelanda, Spagna, Norvegia, Danimarca, Olanda, Portogallo, Egitto, Giordania, Canada e, tante volte, in Italia. Persino in Belgio, dove la presenza delle istituzioni europee – talvolta più legate alla burocrazia che all'efficacia del risultato – spesso rende l'aria particolarmente greve. Un lungo viaggio che mi ha permesso di cogliere l'impulso trasversale di tante comunità in cerca di giustizia, di verità, di dignità e di un futuro migliore, al di sopra delle differenze.

Nel mettere insieme le pagine del libro che hai tra le mani, circondata fisicamente e virtualmente da tutti questi compagni e compagne di viaggio, ho scelto quindi di dedicare a dieci persone a me care il racconto dei temi che considero fondamentali per comprendere la storia, il presente e il futuro della Palestina. Queste dieci persone, con il loro insegnamento, la loro testimonianza e talvolta anche la loro presenza, hanno accompagnato il mio percorso di conoscenza attraverso una terra che soffre da troppo tempo.

Sarà dunque George, uno degli amici più stretti degli anni in cui io e mio marito Max vivevamo a Gerusalemme, a introdurci alle vie della città da una parte e dall'altra, tra le meravigliose case di un tempo, le librerie dove oggi i libri per bambini vengono sequestrati dai militari israeliani e i locali dove, fino a qualche anno fa, poteva capitare di andare a ballare a fianco degli stessi ragazzi israeliani, in questo caso senza divisa. Sarà Ingrid, una donna europea che ha scelto la Palestina e che alla Palestina ha dato tanto, a spiegarci l'importanza di un certo rigore nel pensiero e dell'uso del quadro giuridico dell'apartheid, così come lo ha reso chiaro a me nel 2017. Sarà Eyal, che ha lasciato Israele da tempo e sente di non avere il diritto di farvi ritorno finché non potrà viaggiare con un passaporto palestinese, e cioè di uno Stato unico e democratico, a illuminare la complessità delle condizioni fisiche e materiali che generano un genocidio. Sarà Hind, morta a sei anni per la colpa di essere palestinese, ad aprirci gli occhi su cosa significhi essere bambini in un Paese dove da generazioni i minori non hanno diritto ad avere un nido che li protegga e che rispetti le loro radici. Sarà Gabor, segnato precocemente dalle persecuzioni contro gli ebrei, a illuminarci sulla follia di ciò che sta accadendo al popolo palestinese e sul mito della normalità. E poi Ghassan, il chirurgo che è arrivato da Londra per entrare nel vivo dell'orrore più inimmaginabile di Gaza nei primi mesi dell'assalto genocida; Malak, la giovane artista che ha fatto il percorso inverso, lasciando Gaza per andare a Londra a raccontare in pittura il suo popolo; Abu Hassan, che di quel popolo ci ha guidati a vedere i luoghi che ne svelano la fatica e l'oppressione; Alon, grande studioso di genocidio e amico prezioso, che mi ha aiutata a comprendere più da vicino i contrasti che possono albergare nel cuore di un ebreo israeliano che «vede» i palestinesi e sente come propria la loro causa: perché nella liberazione del popolo palestinese dall'oppressione dell'apartheid c'è la chiave per la liberazione degli stessi israeliani; fino a una delle persone a me più vicine, nella vita così come nella ricerca di una consapevolezza che possiamo essere capaci di tradurre in azione.

Dieci persone, dieci storie che si intrecciano alle vite e ai volti di molti altri – compresa me, i miei familiari, la commessa di un negozio irlandese o i bambini che venivano a mangiare i gelsi davanti a casa nostra a Gerusalemme –, ponendoci dieci domande a cui oggi sembra troppo difficile dare una risposta. Per esempio: in quali condizioni vive il popolo palestinese? Quali sono le conseguenze dell'occupazione? Dov'è «casa» per una persona rifugiata? Cosa significa essere antisemiti all'interno di battaglie per i diritti umani? Fino a che punto può arrivare la crudeltà di un genocidio?

Oggi non possiamo sottrarci a queste domande.

E, in conseguenza di ciò che sta accadendo, dentro di me ne nascono ancora di nuove. Per esempio: perché continuare a scrivere di Palestina in un Paese come l'Italia, dove è tanto necessario quanto difficile far sentire voci che espongano i fatti e ne spieghino gli aspetti giuridici in modo disteso? Nonostante il mio ruolo istituzionale, e nonostante io non abbia mai fatto nulla che potesse rendermi invisa ai media italiani, sono stata bersaglio di offese senza fine ed esclusa, salvo qualche rara eccezione, dal panorama mediatico nazionale. Allora l'unica risposta che riesco a darmi è questa: poiché la necessità di parlarne non passa, anzi si fa sempre più pressante, io scelgo di cogliere ogni occasione possibile per farlo, compreso questo libro.

Sviluppando in questo momento terribile il germe di un'idea che mi ronzava in testa già da anni, quella di scrivere un libro di «Polaroid da Gerusalemme», qui voglio anche raccontare la Palestina così come l'ho vissuta: non da attivista, ma da persona che all'inizio vi si è avvicinata con curiosità culturale e, in seguito, con uno sguardo giuridico. Quando nel 2005 sono arrivata alla SOAS, la School of Oriental and African Studies dell'Università di Londra, una delle poche istituzioni accademiche europee in cui si affrontano i temi del diritto, dei diritti umani e della decolonialità da una prospettiva critica e non eurocentrica, ho scoperto due cose fondamentali.

La prima, che la Palestina poteva – e *doveva* – essere discussa come una questione giuridica di illegalità protratta, istituzionale e sistemica, e non semplicemente come un tema politico con rivendicazioni contrapposte. C'era molto altro che non veniva detto: e quel non detto ha cominciato a starmi stretto, perché autorizzava anche persone che non avevano mai messo piede in Palestina a esprimersi, spesso in modo superficiale e applicando due pesi e due misure nel valutare le parti in causa. La seconda scoperta è stata l'incontro con gli studi legali influenzati dalla *critical race theory*: un modo di intendere il diritto in chiave critica e decoloniale, inquadrandolo nell'evoluzione storica non necessariamente scritta dai vincitori, ma osservata dalla prospettiva dei popoli che il diritto internazionale – così come è stato formulato soprattutto dai Paesi occidentali – l'hanno dovuto subire, fino a tempi recenti.

Nel 2010 sono andata a vivere in Palestina con mio marito Max, come funzionaria internazionale, e ci sono rimasta fino alla fine del 2012. Poi ho continuato a occuparmene da accademica. Ed è in virtù di questo percorso che ho ricevuto il mandato di Relatrice speciale delle Nazioni Unite, che cerco ogni giorno di onorare mostrando che i punti chiave del diritto, in fondo, sono e devono essere comprensibili a chiunque, perché riguardano ciascuno di noi. Il diritto internazionale di cui mi occupo come Relatrice speciale consiste semplicemente nell'insieme di norme che gli Stati si danno per regolare i loro rapporti: diritti, doveri, obblighi reciproci. Poi ci sono i diritti delle persone, i diritti umani, che rappresentano la nostra protezione: i nostri scudi e, se serve, le nostre spade.

Il desiderio che mi anima è quello di poter articolare e spiegare quanto sia palese l'ingiustizia nella vita quotidiana dei palestinesi.

Un desiderio che attraversa profondamente anche le pagine di questo libro. Un libro nato nell'epoca di un genocidio che ha mostrato al mondo la sua brutalità, e scritto sotto una grandissima pressione. Ero convinta che, a seguito di tutte le assurde pressioni di attori influenti contro di me, il Consiglio per i diritti umani non mi avrebbe rinnovato l'incarico. E invece il Consiglio continua a riporre in me la sua fiducia, e l'uscita del libro coinciderà con l'inizio del secondo mandato da Relatrice speciale per il territorio palestinese occupato, che mi permetterà di occuparmi ancora di questi temi ormai intrecciati in modo strettissimo, indistricabile, con la mia stessa vita, proprio adesso che il presente, il futuro e perfino il passato di questo popolo si trovano più che mai in pericolo.

In Palestina – dopo cinquantasette anni di occupazione militare di Gaza e della Cisgiordania, inclusa Gerusalemme Est, e dopo settantasette dall'inizio della pulizia etnica che ebbe il suo picco storico con la Nakba, l'esodo forzato dei palestinesi iniziato nel 1948 con la nascita di Israele – il genocidio che Israele sta commettendo viene perpetrato con la consapevolezza e il beneplacito del potere costituito, quello che finora ha mantenuto tutti soggiogati con la minaccia della ritorsione.

Gli Stati Uniti, sotto la presidenza Trump, hanno più volte lasciato intendere che chiunque osi toccare Israele dovrà «vedersela con loro». Un linguaggio minaccioso, che non si addice alla politica come l'abbiamo conosciuta finora, ma che è del tutto coerente con la sostanza di quanto dichiarato dallo stesso Trump, quando ha affermato che «a tutti quelli con cui ho parlato piace l'idea che gli Stati Uniti siano proprietari *di quel pezzo di terra*», riferendosi alla Striscia di Gaza. In questa frase c'è tutta la violenza del potere senza freni, che può ottenere tutto attraverso la forza, perché, come un Caligola del Ventunesimo secolo, si considera al di sopra delle leggi. Anzi, le leggi non le vede neppure.

Ebbene, è proprio giunto il momento di *vedersela*, con gli Stati Uniti e non solo: per noi «occidentali», soprattutto per noi europei, questa è l'occasione per sciogliere i nodi del passato coloniale e cominciare a saldare il nostro debito. È tempo di schierarsi contro la devastazione di Gaza e ciò che resta della Palestina, e di lottare contro un sistema internazionale fondato sull'uso della forza in nome di una cosiddetta «pace», evocata sempre a vantaggio di pochi e sempre usando le parole per mistificare la realtà di ciò che viene commesso, esattamente come profetizzava Orwell quasi un secolo fa. Oggi il concetto del «bispensiero» propugnato dal Ministero della Verità che lui aveva immaginato in *1984* – strumento fondamentale per il controllo mentale esercitato dal regime totalitario descritto nel romanzo – non ci appare più così fantasioso, e anzi ci invita ad aprire gli occhi per vedere ciò che abbiamo davvero di fronte.

Anche per i più sofisticati esperti di doppio linguaggio, non è più possibile negare la verità che riguarda la Palestina. Nel luglio 2024 la Corte internazionale di giustizia ha riconosciuto al di là di ogni ragionevole dubbio che l'occupazione mantenuta da Israele a Gaza, in Cisgiordania e a Gerusalemme Est dal 1967 è illegale e deve essere abbandonata totalmente e incondizionatamente.

L'occupazione è illegale perché, con la sua stessa presenza, impedisce ai palestinesi di godere del diritto all'autodeterminazione: il diritto di un popolo a esistere e a determinarsi, cioè a scegliere per sé, senza controllo straniero sul territorio e sulla vita dei palestinesi che lo abitano. Eppure, questo semplice diritto a esistere come popolo e vivere in libertà viene ancora contestato da qualcuno o pericolosamente confuso con la soluzione dei due Stati. Ma non credo che serva essere giuristi per capire che ogni altro diritto perde di significato e diventa un esercizio di mera retorica intellettuale, senza quello all'autodeterminazione.

Ciò che si sta consumando a Gaza, e nelle altre aree della Palestina sottoposte al controllo illegale di Israele, incluse la Cisgiordania e Gerusalemme Est, è un colonialismo di insediamento attraverso un'opera di distruzione totale, metodica e pianificata. A Gaza questo processo è già una realtà tangibile e la distruzione investe la vita fisica e biologica in ogni sua forma, annientando tutto quello che esiste, inclusi naturalmente gli esseri umani che ci vivono (anzi, vivevano). In Cisgiordania – dove le colonie per soli ebrei sono una presenza pervasiva in continua espansione, attorno ai luoghi in cui i palestinesi vivono sempre più segregati –, se si è al riparo da bombardamenti a tappeto come quelli che hanno devastato larga parte di Gaza, non lo si è dalla distruzione a mezzo di esplosivi e demolitori meccanici, che assieme alla violenza dei coloni investe case, scuole, interi quartieri, fino agli uliveti e alle arnie delle api. Non c'è pace in Palestina, se sei palestinese. La sicurezza in quella terra – e non solo, purtroppo – è a senso unico; se sei palestinese, viene invocata solo per reprimere la tua libertà. Per punirti.

***

Mentre ci trovavamo a Berlino, Eyal Weizman mi ha raccontato che degli amici di Gaza gli avevano confidato che, di fronte alla penuria di pane, le famiglie della zona di Deir al-Balah si erano organizzate per proteggere le poche risorse disponibili. «Dobbiamo mettere delle guardie di sicurezza a sorvegliare il pane e la farina» si sono dette. I soldati israeliani hanno chiamato al telefono il proprietario del panificio intimandogli di mettere fine a quella pratica: «Se non rimuovete questi addetti alla sicurezza, bombarderemo voi, il panificio e pure gli addetti alla sicurezza». Che senso ha tutto questo?

Oggi non è raro imbattersi in argomentazioni come: «Eh, però Israele non vuole mica distruggere i palestinesi. Israele vuole solo sradicare Hamas», oppure: «Vuole liberare gli ostaggi. Se solo Hamas li liberasse...».

A queste persone vorrei far notare che innanzitutto, se si arriva a bombardare un panificio, se si arriva a uccidere decine di migliaia di bambini, a mutilarne e lasciarne orfani dieci volte tanti, è evidente che le azioni non siano in linea con i motivi dichiarati di liberare gli ostaggi o eliminare Hamas, per quanto pericolosamente vago possa essere un proposito del genere. In fondo, basta pensarci un attimo: chi è Hamas? Chi combatte, o chi lo ha votato nel 2006? Chi lavorava negli ospedali sotto la sua autorità? Chi resiste all'occupazione? Chi si oppone al genocidio?

Questo tipo di motivazioni potrebbero pure esistere sul serio, nella mente dei leader israeliani o delle centinaia di migliaia di soldati, spesso giovanissimi, che ne eseguono gli ordini. Ma è molto importante comprendere che non hanno nulla a che fare con quello che, nell'identificazione del crimine di genocidio, si chiama «intento», o in gergo legale *mens rea*. L'intento di distruggere va inteso come *determinazione* a distruggere: quando viene concepita e formulata l'idea distruttrice nei confronti di un gruppo *in quanto tale*, quali che ne siano i motivi – fosse pure una presunta legittima difesa –, si è in aria di genocidio.

Il genocidio è un crimine gravissimo, al quale nell'epoca attuale non si dovrebbe proprio poter arrivare, viste le garanzie e i meccanismi preventivi che esistono nei vari ordinamenti giuridici, sia nazionali sia internazionali. Invece è esattamente quello che è stato commesso da Israele, ordito dai suoi leader ed eseguito dai suoi soldati, con la complicità di troppi politici occidentali e con l'odiosa connivenza dei media mainstream, che hanno negato, annacquato e trasfigurato la realtà perché non si turbassero i diktat delle ambasciate israeliane e dei potentissimi network a sostegno di Israele, «ultima frontiera dell'Occidente».

La distruzione di un gruppo in quanto tale, quando non è casuale, un mero «incidente di guerra», per quanto brutale questo possa essere, ma intenzionale, costituisce genocidio. Questa distruzione intenzionale è stata praticata sul corpo, sulla vita collettiva, sullo spirito dei palestinesi; sulla loro pelle. Gaza ne è stata il teatro, certamente il più feroce. Il più orribile.

Mi fa paura una società in cui l'uccisione, la mutilazione, la tortura, lo stupro, la fame, la carestia fanno notizia a seconda di chi ne sia la vittima e chi l'artefice. E su questo mi sono interrogata tante volte, durante gli anni da Relatrice speciale, in cui mi è capitato spesso di ritrovarmi al centro di discussioni sul significato di «imparzialità».

Quando sono in gioco vite umane, l'imparzialità diventa un dovere che ci costringe a metterci dalla parte del diritto, della giustizia e delle vittime. Essere imparziali significa avere il coraggio di difendere ciò che è giusto, di dare voce a chi è stato messo sotto silenzio o viene semplicemente ignorato, e di lottare contro i soprusi che martoriano il nostro mondo.

L'imparzialità non consiste nel fingere di non avere un'opinione di fronte a delle atrocità, o nel presumere di dover mantenere una posizione equidistante tra due parti in contrasto, anche se le loro posizioni sono strutturalmente e storicamente ineguali e quando c'è una parte che occupa, depreda e opprime mentre l'altra viene occupata, depredata e oppressa, innescando disastrosi meccanismi di violenza.

Com'è possibile che la verità sia diventata menzogna e la menzogna verità?

A questo male dilagante, che ci vorrebbe tutti avvinti o semplicemente vinti, dobbiamo rispondere con consapevolezza e azione. Il sapere è un'arma fondamentale, perché la conoscenza rappresenta la migliore difesa contro la manipolazione, lo sfruttamento e l'inganno; e l'azione dovrebbe scaturirne in modo naturale.

Ma quindi in che modo può esistere una possibilità salvifica per tutti noi, per i palestinesi come per gli israeliani? Io la vedo. Fosse anche solo con gli occhi della mente, ma la vedo, e vedo pure la forma del percorso che ci porta fin lì. In più, so che questa visione è veramente condivisa: tutte le persone che dall'inizio del genocidio hanno riconosciuto in me una speranza, una luce, un punto di riferimento, mi hanno dato una forza che non avrei mai immaginato. Nonostante le querele, le minacce di morte, la paura che qualcosa possa ritorcersi contro ciò che di più caro hai al mondo, lottare per una causa giusta è un comando al quale alcuni di noi non sono equipaggiati per disobbedire.

Credo moltissimo nella possibilità di ritrovarsi insieme come famiglia umana, riscoprendo il vero e profondo significato della solidarietà; il termine latino *solidum* implica proprio l'idea di un «tutt'uno»: qualcosa di intero, indiviso, completo, spesso in opposizione a ciò che invece è frammentato o spezzato. E così, come un unico corpo, dovremmo riuscire a unirci, incontrarci e resistere. La solidarietà, in questi termini, diventa una «declinazione politica dell'amore», come ha saggiamente osservato la rabbina americana Alissa Wise.

Da soli siamo fragili come le ali di una farfalla, ma uniti – solidi e solidali – possiamo fare una tempesta. Non è un'iperbole fantasiosa, è un principio della fisica che si chiama *butterfly effect*. Ogni nostro più piccolo gesto è un battito d'ali che innesca una catena di conseguenze: come quello di Mary, una delle tante commesse di uno dei tanti negozi di una città irlandese. Come possiamo credere che la sua scelta, se passare o non passare alla cassa i pompelmi acquistati da una cliente, possa incidere a lungo termine sull'abbattimento dell'apartheid in un Paese lontano da lei come il Sudafrica? Eppure dobbiamo crederci, perché la storia ci insegna che questo può succedere.

È nell'interconnessione delle lotte per l'emancipazione e la libertà – individuale o collettiva – che dobbiamo ritrovare il nostro *solidum*. Insieme, possiamo affrontare qualsiasi sfida.

Quindi battiamo le ali, facciamo la tempesta, anzi, come si dice dalle mie parti, facciamo *ammuìna*!

Buona lettura,
Francesca Albanese

Hind

Cos'è l'infanzia in Palestina?

> Arrivare a non aver più paura. Questa è la meta ultima dell'uomo.
>
> ITALO CALVINO, *Il sentiero dei nidi di ragno*

Fine gennaio 2024. Hind Rajab ha sei anni. Se ne sta rannicchiata sul sedile posteriore della macchina degli zii, stringendosi con i quattro cuginetti. Appena è arrivato l'ennesimo ordine di evacuazione nell'area ovest di Gaza, sua mamma e i suoi fratelli sono scappati a piedi, ma visto che piove e fa freddo gli zii l'hanno presa in auto con loro.

È primo pomeriggio, i suoni delle bombe entrano fin dentro all'abitacolo e le macchine sembrano incastrate in un ingorgo. C'è qualcosa che non va. Gli zii lo sentono, sono nervosi, parlano in modo concitato. Poco lontano da una stazione di servizio dalle parti di Tel al-Hawa, la macchina si ritrova sotto una pioggia di fuoco dell'artiglieria israeliana. Poi un gelo surreale. Hind si guarda attorno: nessuno parla e stanno tutti accasciati su se stessi. Con le mani che sicuramente stanno tremando, prende il telefono tra le dita della cugina quindicenne Layan, che è stata colpita mentre stava parlando con gli operatori della Mezzaluna Rossa. Hind spiega che «gli altri sono morti o forse dormono» e supplica di essere aiutata. «Il carro armato è accanto a me. Si sta muovendo. Verrai a prendermi? Ho tanta paura.»

Dall'altro capo della linea, l'operatrice – spaventatissima, perché sa quale rischio sta correndo Hind – le risponde con affetto: «*Habibti*», «tesoro», e resta al telefono con lei per non lasciarla sola.

Dopo tre ore di comunicazione – tanto ci è voluto ai suoi colleghi della Mezzaluna Rossa per coordinarsi con le autorità israeliane in modo da localizzare la macchina e ottenere il permesso di mettere in salvo la bambina –, l'operatrice rassicura Hind che due soccorritori stanno andando in suo aiuto. La registrazione di quella straziante conversazione, con la vita della piccola appesa a un filo, è stata consacrata alla storia, e si spera, un giorno, al lavoro dei giudici che puniranno i responsabili della strage in cui Hind è stata uccisa dall'esercito israeliano.

Dopo dodici giorni, il corpo esanime di Hind sarà trovato in quella macchina su cui qualcuno ha continuato a sparare, trafitta da oltre trecento proiettili non lontano dall'ambulanza con dentro i cadaveri dei suoi soccorritori della Mezzaluna Rossa, che non hanno fatto in tempo ad arrivare da lei. E le indagini del team britannico di Forensic Architecture guidato dal professor Eyal Weizman, ricostruendo le distanze e la dinamica dei colpi, hanno dimostrato che «non è plausibile» che i soldati israeliani che hanno sparato dal carro armato non avessero una visuale piena sulla presenza di civili nel veicolo, tra cui due bambine.

La storia di Hind è diventata un simbolo della brutalità dell'assalto israeliano contro la popolazione di Gaza all'indomani del 7 ottobre 2023. Ma la piccola è stata uccisa oltre tre mesi dopo il 7 ottobre, quando Israele aveva già ammazzato più di ventiseimila persone, tra cui almeno diecimila bambini. Come si è potuto tollerare tutto questo? E com'è possibile che ancora oggi – a fine marzo 2025, mentre sto completando la revisione di questo libro –, quando i numeri accertati dei bambini morti sono arrivati a più di diciassettemila, di cui mille sotto l'anno di vita, continui a regnare l'impunità e vada avanti inarrestabile la macchina della morte innescata da Israele?

La risposta si nasconde in decenni di manipolazione discorsiva che ha distorto la percezione dei rapporti di forza tra israeliani e palestinesi.

Negli ultimi trent'anni, questa narrazione ha portato molti a credere che i palestinesi siano i responsabili della loro stessa situazione, che rappresentino una minaccia esistenziale per Israele. Anche i bambini? Sì, anche loro, e forse soprattutto loro, perché nella logica dell'assalto israeliano iniziato dopo il 7 ottobre, ogni vita palestinese è vista come un potenziale pericolo futuro per la sopravvivenza di Israele.

Quanti bambini palestinesi sono morti così? Nell'impunità dei colpevoli, nel dolore lancinante di intere famiglie e comunità? Decine di migliaia. Quella di Hind, per quanto atroce, non è una storia inusuale in Palestina. Mohammed Tamimi aveva due anni quando, qualche mese prima del 7 ottobre 2023, le forze di occupazione israeliane – quelle che formalmente vanno sotto il nome di Forze di difesa israeliane (IDF) – gli hanno sparato alla testa mentre era in macchina con il papà nella Cisgiordania occupata. Nessuno è stato ritenuto responsabile, come sempre.

Questa è l'infanzia, in Palestina.

A Gerusalemme, a ridosso del giardino della casa in cui io e Max vivevamo, si trovava una collinetta con un albero di gelsi enorme, incredibile, generoso, che dava frutti per mesi lunghissimi. Sotto quell'albero si formava sempre un tappeto viola di gelsi caduti, e i bambini venivano spesso a raccoglierli.

Proprio sotto casa c'era un muretto di pietre a cui era attaccata una di quelle grate con la rete di metallo, che doveva essere stata messa lì provvisoriamente anni prima, e che invece poi lì era rimasta. I bambini, a furia di passarci per venire a prendersi i gelsi, si erano scavati il loro varco. Un bel giorno li vedo e dico: «Ciao ragazzi, quando volete i gelsi, se mi bussate vi apro, così non dovete passare da lì sotto». La maggior parte non mi ha capita, perché quasi nessuno di loro parlava inglese; tranne un bambino con gli occhioni scuri che avevo già notato in zona con i suoi amici e la sorella gemella.

«Ciao» ho ripetuto allora, rivolgendomi direttamente a lui. «So che siete di questo quartiere, vi ho visti giocare tante volte. Quando volete dei gelsi non vi preoccupate, solo chiamateci, così non rischiate di farvi male sulla rete.»

La sua risposta, rispettosa ma ferma, mi ha lasciata di sasso.

«No, grazie» mi ha detto. «Non serve che ci lasci il cancello aperto. Continueremo a prenderceli così, arrampicandoci, come abbiamo sempre fatto.»

A undici anni, il piccolo Mohammed mi sembrava già molto assertivo. La sua famiglia era stata una delle prime del quartiere di Sheikh Jarrah a subire da parte dei coloni israeliani – civili armati che popolano le colonie della Cisgiordania, sostenuti dall'esercito – l'esproprio della casa dove Rifqa, la nonna di Mohammed e di sua sorella Muna, si era rifugiata nel 1948 dopo essere stata cacciata da Haifa (oggi in Israele). Al termine di una lunga battaglia legale, nel 2009 il plesso principale della loro proprietà è stato occupato da coloni israeliani, mentre la famiglia El-Kurd ha dovuto costruire nell'orto un'estensione della casa in cui sono stati costretti ad andare a vivere tutti i familiari.

La reazione di Mohammed mi aveva stupita, perché non è scontato che un bambino di undici anni – o di sette, dodici, quattordici anni – abbia quel tipo di consapevolezza dei diritti, dello spazio, dell'identità. Ma per i palestinesi cresciuti sotto occupazione, così come per i milioni di loro nati nei campi profughi intorno alla Palestina, è così. Generazioni di persone sono venute su vedendo la loro terra che, giorno dopo giorno, continua a essere sradicata da sotto i loro piedi come un tappeto, alimentando un'infinita lotta per la casa, per la dignità, per tutto ciò che dovrebbe essere più scontato a quell'età. Ai palestinesi viene strappata l'infanzia di dosso, diventano grandi nel corpo di bambini, già gravati da preoccupazioni, da ansie, da paure, da responsabilità che non dovrebbero appartenere alla loro età.

Per questo, da Relatrice speciale ONU sulla situazione dei diritti umani nel territorio palestinese occupato, nel 2023 ho deciso di dedicare all'infanzia il mio terzo rapporto, ricorrendo a una parola della lingua inglese che descrive vividamente la realtà palestinese: *unchilding*, ovvero «privare dell'infanzia». La scelta di questo tema nasceva dalla speranza che mostrare in cosa consistesse realmente la vita di un bambino in Palestina, insieme alle statistiche e al diritto, potesse aiutare il pubblico a capire meglio la gravità della situazione.

Quando ho svolto le mie ricerche era tutto diverso da oggi: il rapporto è stato presentato due settimane dopo il 7 ottobre 2023, ma è stato concluso due settimane prima. La situazione era già terribile.

A quel punto dell'autunno, i dati dei bambini palestinesi uccisi in quindici anni (dal 2008 al settembre 2023) erano feroci: più di millequattrocento. Ognuno di loro, un piccolo universo per sempre cancellato. Dal 7 ottobre

2023 a marzo 2025, questi numeri già raccapriccianti sono decuplicati: in diciassette mesi sono stati oltre diciassettemila i bambini uccisi, più di mille i neonati la cui vita è stata spezzata ancora prima che potessero imparare a gattonare, parlare, giocare.

A Gaza, ad agosto 2024, Mohammed Abu al-Qumsan stava richiedendo i certificati di nascita per i suoi gemelli, nati da tre giorni, quando ha ricevuto una chiamata: il tuo appartamento è stato bombardato, i tuoi bambini e tua moglie sono in ospedale. Per loro non c'è stato nulla da fare. Morti prima ancora di aprire gli occhi alla vita.

Questa è l'infanzia, in Palestina.

***

Nel 2023, non avendo ricevuto le autorizzazioni necessarie da parte del governo israeliano per andare a condurre le mie ricerche nella regione occupata in vista della relazione per l'Assemblea generale ONU di quell'autunno, ho deciso di adottare un approccio alternativo. Con il supporto della società civile palestinese e di altri collaboratori, abbiamo creato dei focus group che mi hanno permesso di intervistare i bambini online.

In quel periodo mi trovavo in vacanza con la mia famiglia in Sicilia, dai nonni (i miei suoceri). Ogni pomeriggio, dopo aver pranzato con i miei figli e fatto un rapido tuffo in mare, mi preparavo per salire sul terrazzo dello stabilimento, e lì, collegato il computer a una delle poche prese di corrente disponibili, davo inizio agli incontri che ogni giorno si protraevano per diverse ore.

I gruppi di bambini e adolescenti intervistati si sono rivelati presto ben strutturati e disciplinati. Divisi per fasce d'età e ubicazione geografica, sia i ragazzi sia i loro genitori e accompagnatori erano entusiasti di avere l'occasione di condividere le proprie esperienze e testimonianze con me. Riuniti attorno a un tavolo, o seduti su scranni a volte più grandi di loro (come per i bambini a Jenin), stavano tutti attentissimi davanti allo schermo. Qualcuno traduceva, anche se, soprattutto a Gaza, la maggior parte dei bambini parlava bene inglese e così potevo interagire direttamente, senza bisogno di mediazione.

Quegli incontri mi mettevano dinanzi a un autentico miracolo di vita, vitalità e dolcezza, una cornice in cui l'energia e la speranza sembravano resistere nonostante le avversità. In mezzo a tutte le difficoltà dell'occupazione permanente, delle guerre incessanti a Gaza, dove l'assedio di fatto rendeva tutti prigionieri di un ghetto, e della devastante prossimità delle colonie israeliane in Cisgiordania, con gli arresti frequenti, le continue incursioni di soldati e gli attacchi dei coloni, i bambini che ho conosciuto quell'estate dimostravano una straordinaria capacità di preservare valori fondamentali, in primis l'amore per la scuola. Con le camicie eleganti indossate per l'occasione e i capelli ben pettinati per i maschi, gli abiti di stoffa colorata e i capelli lunghi raccolti in un foulard o lasciati liberi sulle spalle per le femmine, quelle voci mi parlavano di una grande sete di conoscenza e di un ardente desiderio di futuro.

Anche questa è l'infanzia, in Palestina.

Un aspetto che soprattutto all'inizio mi colpiva moltissimo, insegnandomi qualcosa anche su me stessa e sui pregiudizi che a volte involontariamente portiamo con noi, è il fatto che i bambini fossero estremamente preparati quando si toccavano argomenti meno personali e più generali. Che si parlasse di problemi legati all'acqua, all'educazione, alla libertà di movimento, mi raccontavano delle violazioni che subivano con un linguaggio tanto accurato e rivendicativo da apparire quasi forzato, costruito. "Sembrano dei piccoli avvocati" pensavo. Ma presto ho compreso che non c'era proprio nulla di artefatto nella loro capacità di argomentare e interloquire. "Non sono i miei figli, che vanno a scuola, giocano e conducono una vita protetta e ovattata" mi dicevo, rendendomi conto che quei bambini e quei ragazzi hanno sempre vissuto sulla loro pelle esperienze che addolorano e spaventano, dunque si può capire che per loro parlare di diritti umani si trasformi in un grido di vita, in un'appassionata richiesta di risposte.

Com'è possibile che ci stia succedendo questo, se sulla carta tanti diritti dovrebbero essere garantiti per tutti? È una domanda che risuona con forza tra i bambini palestinesi, un richiamo a una giustizia che spesso sembra irraggiungibile. Mentre mio figlio a otto anni deve preoccuparsi di imparare a memoria le tabelline, i bambini palestinesi si appropriano del linguaggio del diritto come manifesto per rivendicare la propria esistenza, la propria umanità. E quindi, paradossalmente, era proprio per difendere il loro diritto a esistere, a essere bambini, che in alcuni momenti diventavano veri e propri avvocati, portando sulle spalle un peso incredibile.

Un peso antico, che viaggia nella loro società da generazioni: è per questo, credo, che nella loro innocenza si manifestava anche una consapevolezza così profondamente radicata delle ingiustizie. Ci vuole un coraggio sovrumano, per un bambino, per affrontare la consapevolezza dell'oppressione: quello stato di guerra permanente, l'essere separati da tutti gli altri palestinesi del mondo, senza poter viaggiare, e nemmeno sognare anche le cose più semplici della vita.

Per me, in quelle giornate, era paradossale spostarmi di pochi metri dal mondo che mi circondava – un mondo in cui le domande più importanti erano: «I bambini hanno mangiato?», «Cos'hanno combinato?», «Chi sta litigando con chi?», «Chi si è sbafato due gelati alle mie spalle?» – per trascorrere tutti i pomeriggi con i bambini di Gaza City, Khan Yunis, Gerusalemme, Betlemme, Nablus, Ramallah, Masafer Yatta e lasciarmi assorbire da un'altra dimensione, completamente diversa.

Qualche rara volta è anche successo che mio figlio Giordano, che allora aveva sei anni, con la spontaneità tipica della sua età si sia avvicinato per vedere con chi stessi parlando, incurante di essere in costume da bagno. Ricordo che un giorno un bambino mi ha chiesto: «Perché non è vestito?».

«Perché siamo al mare» gli ho risposto io. Ma loro erano i bambini della Cisgiordania, che il mare non l'hanno mai visto.

Con i bambini che vivono in Cisgiordania abbiamo fatto molti più incontri rispetto a quelli della Striscia di Gaza, perché la logistica era più difficile: era difficile, per esempio, organizzare gli autobus per andare a prenderli o farli accompagnare dai genitori, spesso per via delle centinaia di checkpoint, fissi e mobili, creati dall'esercito israeliano per «monitorare» i movimenti dei palestinesi. Abbiamo dovuto organizzare molti appuntamenti diversi, ciascuno con solo quattro o cinque bambini che spesso cambiavano di volta in volta. Mi aspettavano seduti composti, tutti emozionati, e già preparati su cosa volevano dirmi. Io li lasciavo parlare. Avevo già raccolto i dati sulle guerre, sugli attacchi, sulla distruzione di case, ospedali, scuole, sugli sfratti, le uccisioni, gli arresti e dunque mi premeva farli parlare soprattutto della loro vita: la casa, il gioco, i viaggi, la famiglia, affinché la relazione che stavo stilando fosse «la loro», e avesse, per quanto possibile, la loro voce.

I focus group non duravano mai meno di un paio d'ore; verso la fine, dopo che ci eravamo conosciuti un po', mi sentivo pronta a porre la domanda: «C'è qualcosa che vi fa paura?». Inevitabilmente, tutti parlavano della morte. La paura più grande di questi bambini era di morire o di perdere i loro genitori. Seconda in lista, gli arresti; terza, «che mi buttino giù la casa». Queste sono le paure più frequenti dei bambini palestinesi, è così che crescono. Già solo questo mi pare di una brutalità incredibile.

«Dobbiamo lottare per avere il diritto di respirare, di stare qui, di restare nella nostra terra senza dover soffrire tutti i giorni» ha detto Rawan, undici anni. E Aladdin, quattordici: «Dobbiamo sempre scappare via da qualche pericolo, se non sono i soldati, sono i coloni».

Nelle descrizioni dei bambini e dei ragazzi con cui ho parlato ho sentito un'infinità di storie dove la violenza e la paura erano declinate in una miriade di modi: la violenza dei checkpoint, della perdita del lavoro di papà, dell'essere schiaffeggiato, picchiato, denudato in pubblico, del «ti prendo la terra, forzo i tuoi genitori all'umiliazione», la sofferenza per la mancanza dei genitori a casa, perché, se vengono arrestati oppure uccisi, poi si deve crescere con qualche parente vicino o lontano, che certamente ti ama, ma non è né mamma né papà.

La loro vita quotidiana, anche prima del 7 ottobre 2023, era così. «Ci bombardavano da tutte le parti, erano ovunque, avevamo tantissima paura che i nostri genitori potessero morire» mi ha raccontato Yasmine, sedici anni, che di guerre a Gaza, a quel punto, ne aveva già vissute cinque. E questa è la storia di Samer, undici anni:

«Mio papà è stato ucciso vicino a una colonia dai soldati. Dicevano che era violento... Non solo ho perso la persona più importante della mia vita, ma sono venuti a prendersi anche la nostra casa. Prima sono diventato orfano, poi mi hanno lasciato senza una casa». «L'anno scorso i soldati hanno attaccato la mia scuola tre o quattro volte. Lanciavano gas lacrimogeni e sparavano con i proiettili veri. Molti degli insegnanti e dei miei compagni non riuscivano a respirare» mi ha detto Fares, dodici anni.

Questa è l'infanzia in Palestina.

***

E purtroppo non c'è solo questo a rubare l'infanzia ai bambini palestinesi. La violenza a cui assistono e di cui sono vittime non è solo brutalmente improvvisa, ma anche – altrettanto brutalmente – *sistemica*: qualcosa che s'insinua nella quotidianità di ogni persona e ne delimita i contorni. Quando ho scritto il rapporto sull'infanzia abbiamo contato anche i bambini feriti e menomati a vita, i figli di genitori morti, feriti o menomati, e tutta la gente, tra adulti e minori, che ha subito dei traumi. Questi numeri tolgono il respiro, ma al tempo stesso non dicono nulla, tanto che i palestinesi si ribellano da anni al rischio della banalizzazione delle statistiche: un'organizzazione di giovani scrittori fondata a Gaza dall'accademico e poeta Refaat Alareer si chiama proprio We Are Not Numbers (Non siamo numeri). Questa organizzazione è nata in opposizione alla distruzione della cultura, dell'immagine e delle speranze palestinesi a Gaza, causata dall'occupazione permanente. Dal conflitto permanente.

È l'intera vita dei palestinesi – soprattutto dei più piccoli – che sembra essere lì, pronta alla distruzione. Si pensi ai loro spazi esistenziali.

Per qualsiasi bambino la casa dovrebbe rappresentare il centro dell'infanzia, un rifugio sicuro dove crescere, esplorare e sognare; invece, in Palestina, la certezza della protezione non si trova nemmeno tra le mura domestiche. L'espropriazione e la distruzione delle abitazioni sono diventate uno strumento dell'occupazione israeliana, così chi cresce in questa realtà è costretto a vivere con una forzata «non appartenenza» imposta dall'esterno. Ogni mattone alienato dalla proprietà o raso al suolo non è solo un'abitazione demolita, ma un pezzo di vita, di storia e di passato cancellato, nonché di futuro ipotecato, che segna irrimediabilmente l'anima dei più giovani. Questa violenza genera una ferita profonda, una perdita che trascende la materialità, spezzando legami e comunità e proiettando l'ombra di un'esistenza precaria sull'innocenza della gioventù.

Il colonialismo di insediamento israeliano, infatti, progettato per annettere progressivamente (e illegalmente) ciò che rimane del territorio palestinese, non si limita a questo, ma crea un ambiente coercitivo che soffoca le possibilità di crescita e sviluppo. I bambini e le loro famiglie sono spinti verso la povertà, poiché vengono negate risorse primarie come l'acqua e l'elettricità. La segregazione spaziale e le restrizioni imposte dall'occupazione impediscono loro di accedere a istruzione e cure mediche adeguate, tanto a Gaza (anche prima dell'attuale attacco) quanto in Cisgiordania.

L'occupazione, dunque, colpisce ogni aspetto della vita dei palestinesi. Nel territorio occupato, le demolizioni punitive e gli sgomberi forzati lasciano moltissime famiglie senza casa, condannando i bambini a vivere un'infanzia segnata da ansia e incertezza. Il blocco di Gaza – una vera e propria prigione a cielo aperto per sedici anni, prima della distruzione totale – e i continui attacchi militari hanno per anni distrutto le infrastrutture essenziali, costringendo milioni di persone a dipendere dagli aiuti umanitari. Generazioni di bambini non solo hanno assistito alla perdita delle loro case e terre, dei loro familiari e amici, ma hanno interiorizzato il trauma di vedere la propria gente costantemente umiliata e privata di sostentamento e dignità.

I bambini palestinesi di oggi, che rappresentano quasi la metà della popolazione, hanno vissuto tutta la vita sotto occupazione, come i genitori prima di loro. Un sistema che da generazioni li priva di diritti fondamentali come l'autodeterminazione, la vita, la sicurezza, la dignità e lo sviluppo, trasformando ogni giorno della loro infanzia in una lotta per non soccombere. Questi bambini diventano adulti circondati dalla violenza, vedendo le loro case demolite, le loro scuole distrutte e le loro terre confiscate. Le immagini dei bambini che si muovono tra le macerie delle loro dimore, raccattando giocattoli e pezzi di libri scampati ai bulldozer, o consolando i genitori piegati su se stessi, sono impresse nella mia memoria.

In quell'estate di due anni fa che ora sembra lontanissima, oltre ai focus group con i bambini, ho pensato di intervistare anche adulti che all'epoca della prima e della seconda intifada erano minori e che nel frattempo sono diventati genitori o persino nonni e nonne. Una cosa che è emersa chiaramente è quanto l'occupazione sia diventata sempre più aggressiva. Ahmed mi ha raccontato: «Almeno, quando eravamo piccoli, ai tempi della prima intifada, potevamo andare a correre tra le colline. Ora c'è il muro. Ci sono troppi checkpoint. Ora non c'è più nemmeno lo spazio».

Negli anni, le colonie israeliane hanno continuato in modo incessante la loro espansione: dagli Accordi di Oslo negli anni Novanta alla costruzione del muro nei primi anni Duemila, alle continue violenze in Cisgiordania, lo spazio in cui queste persone possono vivere si è progressivamente ridotto e frammentato.

I bambini sono stati privati persino dello spazio per immaginare. Sono incapsulati. Così ho preso coscienza di un altro elemento cruciale dell'occupazione: l'estetica della carcerialità. Crescere sotto l'occupazione israeliana è come crescere in una prigione a cielo aperto, fatta di checkpoint, torri di controllo, colonie che guardano dall'alto ciò che rimane del territorio, guardie armate a riportare la loro versione di ordine a ogni presunta minaccia. La violenza che si subisce in questo spazio non è solo fisica, ma anche psicologica. Penso ai bambini che ho conosciuto, e immagino che molti di loro finiranno per andarsene dalla loro terra, dove non sembra esserci più orizzonte, e i sogni sono soffocati dalla brutalità dell'occupazione.

In questo carcere a cielo aperto in cui adulti e bambini sono costretti a vivere, anche i numeri degli arresti nei confronti di minori palestinesi sono agghiaccianti: dal 2000 al 2023, sono stati più di tredicimila i minori detenuti, arrestati e imprigionati; e da ottobre 2023 sono già più di trecento. Gli arresti sono eseguiti con qualsiasi pretesto; come il caso raccontato da Abir, quattordici anni: «Un ragazzo [palestinese] stava camminando per strada. I soldati lo hanno fermato, perquisito, picchiato e alla fine lo hanno arrestato perché si era rifiutato di togliersi i pantaloni durante la perquisizione». Avendo assistito io stessa a una miriade di abusi e vessazioni simili verso i palestinesi da parte dell'esercito o della polizia israeliani, nulla di quell'orrore mi era nuovo. Ma faceva male sentirlo raccontare da giovanissimi.

Nel periodo in cui ho tenuto i focus group con i bambini e le bambine palestinesi, le violenze ai checkpoint e le irruzioni armate notturne e diurne dell'esercito israeliano nei villaggi palestinesi erano all'ordine del giorno. Gli stessi soldati israeliani, per esempio quelli di Breaking the Silence – un'organizzazione di ex soldati israeliani che denunciano pubblicamente gli abusi dell'esercito nel territorio occupato per sensibilizzare sull'impatto dell'occupazione non solo sui palestinesi ma anche sui militari –, riconoscevano candidamente che avevano l'ordine di invadere i villaggi, a volte ogni notte per settimane, se non mesi: dovevano sfiancare la popolazione per convincerla ad andarsene, in nome della «sicurezza israeliana».

***

Alla violenza strutturale, quotidiana, che riguarda le case e minaccia ogni giorno la sicurezza e la dignità dei bambini e dei loro familiari, si deve poi sommare anche la violenza eruttiva delle guerre, dei pogrom dei coloni armati (sempre più numerosi in Cisgiordania), degli attacchi militari.

Ogni anno centinaia di bambini e ragazzi vengono arbitrariamente arrestati, mutilati o uccisi, subendo traumi fisici e psicologici profondi che spesso non vengono curati o affrontati.

A ben vedere, per tutti i palestinesi, comprese le fasce più giovani della popolazione, la protezione è una chimera: non esiste né da parte delle istituzioni né altrove. I bambini crescono con questa costante, terribile esposizione alla violenza e tutta la società ne è afflitta. C'è un trauma intergenerazionale pesantissimo, che ho potuto vedere anche quando ho incontrato i ragazzi che erano stati detenuti. Erano traumatizzati. Anche quelli che poi fanno riabilitazione e stanno relativamente meglio portano per sempre addosso segni profondi. Alcuni tornano a scuola, ma è difficilissimo, perché se esci troppo presto di prigione significa che hai parlato, e di conseguenza vieni ostracizzato dalla tua comunità. Se invece hai resistito sei mesi, un anno, due anni, a quel punto sei un eroe. Ma se sei uscito, probabilmente i tuoi genitori hanno dovuto pagare per la tua liberazione.

Non è normale diventare grandi in un sistema così. Quando le persone si chiedono: «Da dove viene la violenza?», per capire basta allargare il proprio sguardo e mettere da parte i pregiudizi.

Le storie che ho ascoltato durante gli incontri online mi hanno profondamente impressionata. Il 2023 era stato un anno violentissimo: c'erano stati almeno diciassette assalti ai villaggi palestinesi da parte dei coloni, finiti con macchine e case bruciate, e palestinesi uccisi. Ricordo un bambino di dodici anni che aveva perso la sorella durante un attacco militare a Jenin nell'estate del 2023. La città era stata sotto assedio per giorni, e sua sorella era stata uccisa nel cortile di casa dall'esercito israeliano. Tutti mi raccontavano di questa fanciulla, del vuoto che aveva lasciato nel campo profughi in cui era cresciuta, nel Freedom Theatre di Jenin di cui faceva parte. Quel teatro, che si è dato il nome della libertà, è un'istituzione che permette ai bambini di una zona ad alta tensione permanente di esplorare la propria creatività, di esprimere ciò che portano dentro.

"Quanto dolore possono contenere dei corpi così piccoli" pensavo mentre quel bambino mi raccontava, lucido e composto, la storia della sorella ammazzata quasi sotto i suoi occhi.

Laila Mohammed Ayman Khatib aveva due anni e stava cenando a casa con la sua famiglia quando un soldato israeliano le ha sparato alla nuca. È successo nel gennaio 2025. Quanti giornali ne hanno parlato? Perché la vita (e la morte) dei palestinesi nelle nostre società non ha spazio né voce?

Inoltre, è così che Israele pianta tra i palestinesi i semi dell'odio, e mi sembra incredibile che questo non venga compreso.

Eppure un'altra delle cose che mi hanno profondamente colpita in quei pomeriggi d'estate del 2023 è il forte senso di disciplina, resilienza e rispetto reciproco che si percepiva nei focus group di Gaza. C'erano consigli di minori, organizzazioni non governative che avevano creato spazi di incontro dove i ragazzi potevano confrontarsi sulle situazioni che stavano vivendo, sulle privazioni che subivano. Mi ricordo uno scambio tra due bambine che discutevano con delicatezza. Una diceva: «È vero che la chiusura e l'assedio sono terribili per tutti, ma almeno tu, con la leucemia, sei potuta andare in Cisgiordania e hai visto le montagne! Io le montagne non le ho mai viste».

La malattia è un altro dei temi emersi spesso nel mio dialogo con i bambini. A Gaza, per esempio, già prima del genocidio, la terra era inquinata, sovrappopolata, piena di resti di ordigni inesplosi, l'acqua imbevibile. La contaminazione era ovunque e il numero di persone malate di leucemia e cancro, anche tra i minori, era altissimo. Diversi rapporti dell'ONU e di altre organizzazioni umanitarie hanno documentato situazioni tragiche come quella dei bambini di Gaza, anche di quattro o cinque anni, costretti a viaggiare da soli per ricevere cure mediche in Cisgiordania. I loro genitori non avevano il permesso di seguirli. Queste restrizioni sono parte delle più ampie misure di sicurezza adottate da Israele nei confronti della popolazione di Gaza sin dal 2007 e che hanno avuto un impatto devastante su ogni tipo di mobilità dei palestinesi. A Gaza mancavano strutture sanitarie adeguate e questo costringeva molte famiglie a cercare assistenza medica al di fuori del territorio. Questa pratica non solo metteva a rischio la sicurezza dei bambini, ma causava anche un enorme stress emotivo sia ai piccoli pazienti sia alle loro famiglie, costrette a separarsi in momenti di grande vulnerabilità. Ma di solito i palestinesi sono estremamente solidali: ad accoglierli c'era sempre qualcuno, un amico, un parente, un membro di un'organizzazione umanitaria.

Questa è l'infanzia, in Palestina.

O meglio, *era*, quando ancora i bambini con cui ho parlato erano tutti vivi e Gaza pullulava di vita. Ora non c'è più niente che non sia stato smembrato dalla guerra: dalle case alle famiglie, alle vite individuali. La Gaza di cui mi parlavano quei ragazzini nel 2023 non esiste più e una grande parte della Cisgiordania che ho conosciuto io viene distrutta mentre scrivo queste pagine. Sebbene chi sopravvive alla mattanza abbia voglia di ricostruire, ciò che rimane sono macerie, e su quelle di Gaza la polvere non si è ancora posata. Dopo oltre cinquecento giorni di bombardamenti quasi ininterrotti, infatti, le bombe continuano a piovere.

Nel bel mezzo del genocidio dei palestinesi cominciato nell'ottobre 2023, durante una conferenza che abbiamo tenuto insieme a Londra, ho sentito il dottor Ghassan Abu Sitta raccontare: «Arrivano bambini morti, fatti a pezzi, gravemente feriti. Chiedevo informazioni sulla loro storia medica e nessuno sapeva niente. Non erano figli dei loro soccorritori. I genitori erano stati ammazzati».

Anche questa è l'infanzia, in Palestina.

***

Crescere in Palestina significa essere bambini in un clima di costante paura e insicurezza, circondati dalla violenza di coloni e soldati. Una situazione che costringe a porsi domande devastanti. *Perché è così? Siamo meno umani di altri?*

Dunque non c'era tanto da stupirsi se i bambini nei miei focus group si comportavano da adulti e rivendicavano i loro diritti con forza, perfino quando parlavano con me. Dicevo loro: «Guardate, io sono qui per ascoltarvi, questo è il mio lavoro, e io voglio davvero che il mio rapporto sia il vostro e che tutto quello che racconterò parli con la vostra voce. Non so se cambierà qualcosa...». Alla fine è andata pure peggio. Molto peggio di quello che avremmo mai potuto temere o immaginare. «...Ma questa è la mia promessa.»

Ricordo tra l'altro quell'estate come il primo momento in cui mi sono sentita mettere in discussione dai miei figli: «Perché passi tanto tempo con i bambini al computer e non con noi?». Mi rendevo conto di quanto fosse strano per loro, e provavo a rispondere, quasi certa di non essere capita, ma almeno a futura memoria: «Perché, se fossi la mamma di un bambino che vive in una situazione come quella di quei bambini al computer, vorrei tanto che ci fosse qualcun'altra capace di aiutarmi. E se fossi lei, penserei che anche i miei figli, quelli che vivono in Palestina, hanno diritto alle stesse cose dei figli di quest'altra mamma: quelli che ora sono al mare, vanno in giro tutto il giorno mezzi nudi e, al massimo, possono avere paura di beccarsi una spina di riccio nel piede o di litigare con un amico su chi è arrivato per primo alla boa».

Era come se da un lato e dall'altro dello schermo di quel computer – dove da una parte c'erano quei bambini acuti e preparati e dall'altra quelli che si stavano godendo le loro vacanze spensierati – io potessi sentire le voci di dentro e le voci di fuori: solo che certi giorni diventava difficile distinguerle.

Poco più di un anno dopo mi trovavo a casa, a Tunisi. Era pomeriggio e al di là della finestra, a qualche metro da me, c'era mio figlio Giordano che saltava la corda e rideva; intanto, sul mio portatile, scorrevano le immagini di una madre di Gaza che correva gridando disperata verso la sua casa, dove il figlio stava bruciando vivo.

Questa è l'infanzia, in Palestina.

La protezione dell'infanzia dovrebbe essere al centro di qualsiasi dibattito sulla cosiddetta «questione palestinese», nello sforzo di garantire a ogni bambino il diritto di crescere protetto, in una cornice di sicurezza, dignità e libertà.

Invece, in quella situazione, non sono solo i bambini palestinesi a crescere in un sistema assolutamente ingiusto, che li espone continuamente alla violenza, ma anche quelli israeliani. Alla fine anche loro sono vittime, perché – come sostiene la filologa israeliana Nurit Peled-Elhanan – venire educati fin da piccoli alla paura e al sospetto nei confronti dell'altro, alla normalizzazione della violenza, alla perpetuazione di una visione del mondo fondata sulla dominazione razziale e sulla sopraffazione, portata dall'ideologia dei loro leader politici e spesso anche dei loro stessi genitori, non è stata una scelta.

Ma i bambini crescono, e i bambini di oggi sono gli adulti di domani. Se c'è una cosa che generazioni di palestinesi ci insegnano, è che il loro popolo non si piega all'occupazione e resiste, come può e come sa. Lo hanno fatto contro i britannici che svendevano la loro terra, nel 1936-1939. Lo hanno fatto alla fine degli anni Ottanta, allo scoppio della prima rivolta contro l'occupazione (prima intifada), quando l'uccisione di quattro palestinesi in un incidente con un camion militare israeliano nel campo profughi di Jabalia, nella Striscia di Gaza, innescò manifestazioni in tutto il territorio occupato. Lo hanno fatto durante la seconda intifada scoppiata nel 2000, e che, a differenza della prima, si macchiò di violenza letale anche da parte dei palestinesi. La resistenza è continuata in modo generalmente pacifico, ma non sempre. E purtroppo, tanto più è violenta e odiosa l'oppressione, tanto più rischia di essere violenta la forza che mira a rimuoverla.

Da sempre, i palestinesi vogliono guidare la propria emancipazione dall'occupazione e dall'apartheid. Questa determinazione collettiva ha preso una forma sempre più concreta e decisa nel corso del tempo: per esempio durante il grande movimento di protesta del 2021, dopo l'ennesima ondata di angherie e abusi che aveva preso massicciamente di mira i residenti palestinesi di Gerusalemme. A capo di questa protesta c'erano tanti ragazzi di Sheikh Jarrah – il quartiere nel quale anch'io avevo abitato – e tra gli altri due fratelli gemelli, Mohammed e Muna. Quando, anni dopo, ho avuto occasione di leggere di loro, quei volti mi sembravano familiari, ma in quel momento non riuscivo a ricollegarli a qualcosa di preciso; solo in seguito, vedendo le foto da bambino di Mohammed El-Kurd, mi sono resa conto che lo conoscevo: era quel ragazzino che veniva a giocare e a raccogliere i gelsi davanti a casa nostra, e che già da piccolo, con i suoi discorsi in un inglese perfetto, teneva testa a una straniera di trent'anni.

Oggi Mohammed El-Kurd è un giornalista, uno scrittore, una delle voci palestinesi più forti a difesa del proprio popolo. Questo è uno dei suoi versi: «Non ero una vittima / finché il mondo non me l'ha detto».

In Palestina l'infanzia è una storia di vittime, di paura, di minori spogliati del loro diritto a crescere sicuri e tutelati, sebbene tanti genitori facciano l'impossibile per far vivere ai loro figli una vita in qualche modo serena e dare un senso di normalità, un po' come nel film *La vita è bella*, anche all'interno di una realtà che bella non è. Una realtà dove tanti dei bambini e dei ragazzi che ho incontrato nel corso della mia esperienza personale e professionale in Palestina oggi sono morti. Una realtà dove può succedere che la vita di una persona si spenga a sei anni dentro una macchina crivellata da centinaia di colpi, come è successo a Hind.

Oggi a lei è intitolata un'organizzazione che è impegnata a intraprendere azioni legali contro responsabili, complici e istigatori di crimini di guerra e crimini contro l'umanità in Palestina, la Hind Rajab Foundation.

Questo è molto importante, eppure non cancella la morte, la sofferenza, e non cancella la paura.

Proprio come mi ha raccontato Ouadia, quattordici anni: «Avere paura della morte non ti impedisce di morire: ti impedisce di vivere».

Questa è l'infanzia, in Palestina.

Abu Hassan

Quali sono le conseguenze dell'occupazione?

Le nostre case ad altri, le donne vedove.
Pietre disperse all'imbocco della strada.

CCCP, *Palestina*

A Gerusalemme lui è un'istituzione, ed è stato il primo palestinese che io e mio marito Max abbiamo conosciuto al nostro arrivo nella città santa, nei giorni del mio secondo colloquio con il dipartimento legale dell'UNRWA (l'Agenzia delle Nazioni Unite per il soccorso e l'occupazione dei profughi palestinesi in Medio Oriente), per un nuovo lavoro che avrebbe cambiato la mia vita per sempre. Dopo esserci trasferiti lì abbiamo continuato a frequentarlo regolarmente. È stato una colonna portante di tante esperienze e di tante scelte; eppure non ricordo quale sia il suo vero nome. Tutti lo hanno sempre chiamato Abu Hassan.

Nel mondo arabo del Levante (Medio Oriente), far precedere da *Abu* o *Umm* un nome proprio di persona è un modo per riconoscerne il passaggio dall'adolescenza alla maturità, segnato generalmente dall'arrivo dei figli (e dall'acquisizione del nome del primo figlio o figlia), perché *Abu* significa «papà di» e *Umm* «mamma di». Per esempio, i nostri amici arabi, scherzosamente, chiamano Max *Abu Leila*, e me *Umm Leila*.

Era il 2010, era la prima volta che mettevamo piede a Gerusalemme, e io e Max, entrambi curiosi viaggiatori, avevamo colto l'occasione per visitare la città. Certamente sapevamo qualcosa, ma non avevamo idea di quello che ci aspettava. Tanto che la prima cosa che abbiamo fatto è stato il classico giro della Gerusalemme vecchia accompagnati da guide israeliane, che ci hanno portato a vedere il Muro del Pianto, la Gerusalemme sotterranea, Silwan...

Ricordo che proprio lì, a Silwan, abbiamo visitato una parte della città sotterranea e a un certo punto una delle guide ci ha detto: «Vedete? Su queste pietre ci sono ancora i segni dell'Esodo!». Noi eravamo abbastanza dubbiosi; Max prima di partire aveva letto *L'invenzione del popolo ebraico* di Shlomo Sand, e quel giorno a pranzo abbiamo passato tutto il tempo a ragionare sulla possibilità che gli israeliani usassero questo tipo di narrazione sull'archeologia come parte «della propria opera coloniale», nel tentativo di dimostrare che loro c'erano già duemila anni fa (cosa si intendesse a quel tempo per «opera coloniale» era un concetto alquanto nebuloso). La presenza degli ebrei nella terra di Israele della Bibbia, cioè duemila anni fa, è uno degli argomenti chiave usati a difesa del diritto di Israele come Stato dei soli ebrei, che nel 1948 sono tornati nella terra da cui erano stati cacciati circa diciannove secoli prima. In qualche modo, e per molti, questo giustifica l'occupazione infinita e tutte le altre atrocità che ogni giorno, da decenni, vengono commesse ai danni del popolo palestinese, sulla base della presunta idea: «Noi siamo solo tornati e voi adesso andatevene tutti, usurpatori».

Stavamo pranzando al Jerusalem Hotel (un'altra istituzione, che si trova davanti alla città vecchia), dove ci siamo messi a chiacchierare con una persona che lavorava lì, a cui abbiamo raccontato quanto fossimo rimasti sorpresi dal tour che avevamo appena fatto e come ci fosse sembrato una sorta di propaganda archeologica. Lui ci ha risposto dandoci un volantino e spiegandoci che le visite con le guide israeliane non erano le uniche possibili a Gerusalemme: ci ha raccomandato di cercare Abu Hassan e di seguirlo in uno dei suoi *alternative tours*.

Abu Hassan stava proprio dietro l'angolo. Quando non faceva la guida, trascorreva la maggior parte del tempo al Mihbash, un caffè che si trova al primo piano di un palazzo storico a due passi dall'hotel. Appena entrati, ci ha accolto innanzitutto una zaffata di fritto e fumo. Il locale era veramente kitsch, eppure noi ci siamo sentiti immediatamente a casa: di lì a poco, infatti, quello sarebbe diventato il nostro posto di riferimento a Gerusalemme. Abbiamo chiesto di Abu Hassan, ci siamo presentati e gli abbiamo domandato se nei giorni successivi avesse posto per fare un tour: siamo partiti con lui già l'indomani.

Per iniziare, ci ha portati nei luoghi di Gerusalemme in cui le famiglie erano divise dal muro e i bambini dovevano passare attraverso le condutture fognarie per andare a scuola, per via degli impedimenti piazzati dagli israeliani. Ci ha raccontato il retroscena dei tour archeologici come quello che noi avevamo fatto il giorno precedente: grazie a lui abbiamo conosciuto un prete con una formazione da archeologo che ci ha spiegato nei dettagli quanta manipolazione politico-ideologica ci fosse dietro quell'opera di storytelling storico. Poi Abu Hassan ci ha portati a vedere le case che i coloni avevano appena preso ai palestinesi nel quartiere di Sheikh Jarrah, buttando fuori chi ci abitava (tra cui la famiglia di Mohammed El-Kurd) insieme alla maggior parte dei mobili e di tutto ciò che contenevano: i frigoriferi, le coperte, i vestiti, i quaderni dei bambini... Quando siamo arrivati, i coloni che allora vivevano in una delle abitazioni espropriate sono usciti di casa e hanno cominciato a tirarci addosso degli oggetti, gridandoci contro: «Andate via! Andate via!».

Alla fine del tour, Abu Hassan ci ha portati tutti a pranzo. Chiaramente al Mihbash.

Mentre mangiavamo, notando quanto fossi sconvolta da ciò che avevamo appena visto, mi ha chiesto: «Ma voi perché siete qua? Siete turisti?».

«Sono venuta a fare un colloquio» gli ho risposto io. «Spero di potermi trasferire a Gerusalemme per lavorare con l'UNRWA.»

Lui ha subito tuonato: «Questi avvoltoi delle Nazioni Unite! Era meglio quando non c'eravate, perché non fate niente, la vostra presenza non fa nessuna differenza, l'unica cosa che si vede da quando siete qui voi è che la vita è rincarata per tutti».

Sentendomi punta nel vivo, ho reagito male: «Non è vero! Perché se per questo lavoro prendono me, che mi occupo di diritti umani, significa che l'organizzazione vuole dargli molto più spazio!».

Non dimenticherò mai che alle mie parole lui non si è scomposto più di tanto; guardandomi dritto negli occhi, si è limitato a chiedermi: «Ma *tu*, che vuoi fare?».

Una domanda alla quale, a distanza di tanti anni, forse sto ancora cercando di rispondere.

Nel giro di qualche settimana, in effetti, mi è stato offerto il posto per cui avevo fatto il colloquio, e così io e Max siamo tornati a Gerusalemme, questa volta in pianta stabile. Immediatamente siamo andati al Mihbash a cercare Abu Hassan, che era lì come sempre. Che sia d'estate o d'inverno, a meno che non piova o nevichi, la prima cosa che vedi quando arrivi al Mihbash è la sua sagoma di spalle, che fuma la *shisha* guardando la città vecchia.

Da quel giorno abbiamo fatto molti altri tour con lui, abbiamo cominciato a conoscere la sua storia e attraverso di lui abbiamo capito tanto della cultura palestinese. Abu Hassan aveva un privilegio: come gerosolimitano, poteva muoversi liberamente in Palestina e anche in Israele. I palestinesi, infatti, sono suddivisi in base a quattro diversi sistemi di identificazione: quelli con cittadinanza israeliana che vivono in Israele (noti anche come «palestinesi del '48» e «arabi israeliani», nomenclatura odiata dai palestinesi); i residenti di Gerusalemme Est (EJ, East Jerusalem), residenti permanenti ma senza cittadinanza israeliana; i palestinesi della Cisgiordania (WB, cioè West Bank) e quelli della Striscia di Gaza, entrambi generalmente in possesso di carte d'identità, formalmente emesse dall'Autorità nazionale palestinese (ANP) ma di fatto controllate da Israele, che ne regola rilascio, rinnovo e revoca, determinando così la possibilità di movimento, lavoro e accesso ai servizi. Ogni gruppo ha diritti diversi, soprattutto in termini di spostamenti, accesso ai servizi e status giuridico; per cui lo status dei gerosolimitani si distingue da quello dei residenti a Gaza, in Cisgiordania o in Israele: «Secondo la legge israeliana, i residenti palestinesi di Gerusalemme Est non sono cittadini israeliani né residenti della Cisgiordania. Invece, ricevono uno status di residenza permanente precario, che permette loro di risiedere e lavorare nella città, di beneficiare dei servizi sociali forniti dall'Istituto nazionale di assicurazione israeliano e dell'assicurazione sanitaria nazionale, e di votare alle elezioni municipali, ma non a quelle nazionali», come afferma Amnesty International.

È stato con Abu Hassan che – superato l'ennesimo checkpoint israeliano – abbiamo fatto il nostro primo giro a Hebron. Quel giorno ci ha spiegato come la città fosse divisa in due: una parte, detta H1, governata formalmente dall'Autorità nazionale palestinese, mentre l'altra, H2, sotto il controllo militare israeliano, con alcune zone della città vecchia rese inaccessibili ai palestinesi. Oltre trentamila palestinesi vivono in H2, contro i settecento coloni ebrei ai quali è riservata un'area esclusiva del centro. Il viaggio a Hebron era parte di un tour di «coscientizzazione» che come prima tappa toccava la Moschea di Ibrahim/Tomba dei Patriarchi, un edificio religioso a sua volta diviso in due per permettere ai fedeli musulmani e a quelli ebraici di pregare separatamente la stessa figura: Ibrahim per i musulmani, Abramo per gli ebrei.

In quel luogo sacro nel 1994 un colono israeliano-americano, Baruch Goldstein, entrò in divisa militare, armato di mitra, e sterminò ventinove palestinesi che stavano pregando, ferendone un centinaio. Alla fine qualcuno riuscì a fermarlo e fu assalito e ucciso; ma oltre alla carneficina provocata dalla sua irruzione, questo avvenimento fece esplodere una rivolta in città: negli scontri con l'esercito israeliano morirono oltre venti palestinesi e quattro israeliani. Eppure, gli israeliani quella non la considerano una strage, o più semplicemente non la ricordano.

Per Baruch Goldstein furono celebrati funerali solenni e la sua tomba, nella Cisgiordania occupata, è tuttora meta di pellegrinaggio. Di orrori come questo per i palestinesi ce ne sono stati tanti, nei decenni dall'inizio dell'occupazione, ma in molti non vogliono vedere, come se si rifiutassero di capire.

A Hebron si trova anche una delle ultime fabbriche di kefiah ancora in funzione: ce ne sono di bellissime, tessute a mano. Storicamente era una città di mercanti, famosa anche per la ceramica e il vetro soffiato, oggi se ne sta accasciata su se stessa, battuta e spenta.

La via principale di Hebron, Shuhada Street (che significa «la via dei martiri»), una volta affollata e piena di vita, ormai da tempo è sigillata. I palestinesi ci possono vivere, ma non camminarci. Le porte delle case e dei negozi sono state murate dall'esercito, dunque molti si sono costruiti dei ponticelli per riuscire a passare da una casa all'altra. Si vedono scene assurde: bambini che, in ritardo per la scuola, scavalcano i cancelli e vengono inseguiti e redarguiti o malmenati dai soldati.

***

Un altro viaggio che abbiamo fatto con Abu Hassan è stato a Nablus, nella Cisgiordania settentrionale. Tutte le città palestinesi hanno la medina, la parte storica chiusa dalle mura, ma Nablus è unica perché si trova in una zona montuosa: quindi è circondata da montagne, è molto verde ed è famosa per l'olio d'oliva, con cui si produce anche il sapone, e per il *knafeh*, un dolce palestinese tradizionale tanto noto quanto delizioso. «Quello di Nablus è una cosa magica» mi avevano detto diversi amici a Gerusalemme. E avevano ragione. Il *knafeh* è fatto con formaggio di capra morbido, dolce, ricoperto da pasta kataifi, una sorta di pasta fillo sotto forma di lunghissimi filamenti, e irrorato di miele caldo o sciroppo, acqua di rose o di fiori d'arancio, che si cuoce in enormi teglie rotonde, poi si taglia a rombi o a triangoli e si mangia accompagnandolo con il tè entro un'ora da quando è stato sfornato. Anche solo vederlo preparare è un'esperienza.

A Nablus, inoltre, abbiamo avuto l'occasione di conoscere varie persone e discutere con loro per comprendere meglio, e più da vicino, quale fosse la realtà di quel luogo. Per esempio, abbiamo incontrato alcuni ex prigionieri politici che erano stati arrestati anche solo per aver protestato contro i soldati, chiedendo la libertà del proprio popolo, o per aver partecipato a cosiddette attività politiche.

Sono stati loro a raccontarci che il sindaco di Nablus dell'epoca, Adly Yaish, apparteneva ad Hamas: un movimento nazionalista islamico nato negli anni Ottanta dalla tradizione politica della Fratellanza Musulmana durante la prima intifada. Negli anni, Hamas ha rappresentato sia una forma di resistenza armata contro l'occupazione israeliana e il sistema di apartheid, attraverso le Brigate al-Qassam – responsabili di numerosi tragici attacchi contro civili e militari israeliani, culminati il 7 ottobre 2023 –, sia un partito politico. Nel 2006 Hamas ha vinto le elezioni legislative palestinesi, superando Fatah, il partito rivale nato a fine anni Cinquanta su iniziativa di Yasser Arafat e altri esiliati palestinesi. Dopo che il risultato del voto fu disconosciuto dalla comunità internazionale, scoppiarono violenti scontri tra Hamas e Fatah, al culmine dei quali, nel 2007, Hamas ha assunto il controllo della Striscia di Gaza, che mantiene ancora oggi nonostante la distruzione dilagante, mentre Fatah governa la Cisgiordania.

Sempre con Abu Hassan abbiamo visitato per la prima volta, e prima ancora che mi ci recassi con l'agenzia per la quale lavoravo, i campi profughi di Balata e Jenin, nel nord della Cisgiordania. Dopo che, nel 1948, i palestinesi furono scacciati dalle loro case dalle milizie ebraiche che poi confluirono nell'esercito del neonato Stato di Israele, questi due divennero i campi profughi più grandi del territorio palestinese occupato: una parte degli sfollati che affluivano dalla zona della Galilea o dalla costa di Haifa, infatti, si spostò in Libano, ma moltissime persone si stabilirono invece proprio a Balata e a Jenin, aspettando il giorno in cui sarebbero potute tornare a casa. La prima generazione visse per lo più così, nelle tende, in attesa del fatidico ritorno. La seconda generazione invece fu quella dei resistenti, dei combattenti: i primi a capire che nessuno li avrebbe aiutati. Né gli arabi né le Nazioni Unite li avrebbero mai tirati fuori dai campi, tantomeno dalla morsa dell'occupazione. E dunque quella divenne la culla della resistenza armata in Cisgiordania.

La resistenza palestinese risale all'epoca britannica.

Quella nei confronti di Israele si afferma a partire dalla fine degli anni Cinquanta, quando nacquero vari movimenti di resistenza come Fatah, il Fronte Popolare per la Liberazione della Palestina (FPLP), il Fronte Democratico per la Liberazione della Palestina (FDLP), che poi si associarono o si federarono nell'OLP (Organizzazione per la Liberazione della Palestina), divenendo lo zoccolo duro della resistenza armata. Tutti questi gruppi erano fortemente radicati nei campi profughi, ed è per questo che Balata e Jenin sono tra le zone ritualmente più colpite dall'esercito israeliano. Noi abbiamo potuto vedere tutto ciò dall'interno, perché il campo profughi di Jenin esisteva ancora, sebbene molta parte fosse stata distrutta dall'esercito israeliano durante la seconda intifada, e poi, con grandi sacrifici, ricostruita. Dal gennaio 2025 il campo è stato pesantemente colpito dai bombardamenti israeliani, e nel giro di poche settimane circa ventimila persone sono rimaste senza casa.

Della Palestina che fu e che era parlavamo a lungo con Abu Hassan, con cui nel tempo abbiamo legato molto. La nostra amicizia è stata un processo di simbiosi: lui è entrato nella nostra vita e noi siamo entrati nella sua, rispettandoci, ma anche accettando che c'erano cose che istintivamente all'inizio non capivamo. Abu Hassan, infatti, non mi ha portato solo a vedere le colonie in Cisgiordania; mi accompagnava in giro per la città e mi aiutava a capire quali prodotti venissero dalle colonie e quali no, che cosa fosse più giusto comprare nei supermercati per sostenere i palestinesi e cosa invece non comprare affatto. Dopo un anno, avevo un'idea abbastanza precisa di chi fossero i commercianti ordinari e chi i «collaboratori», cioè quelli che facevano affari con l'occupazione israeliana, che imponeva la vendita dei prodotti delle colonie proibendo l'ingresso a Gerusalemme di beni palestinesi prodotti in Cisgiordania (a Gaza, nemmeno a pensarci!).

È stato Abu Hassan uno degli amici che abbiamo interpellato quando ci siamo trasferiti a Gerusalemme per capire quali, tra le case che ci stavano proponendo in affitto, fossero state tolte ai palestinesi nel 1948, in modo che potessimo evitarle.

Oltre ai tour che ci aveva fatto fare nei primi tempi della nostra permanenza in Palestina, lo trovavamo sempre al Mihbash e ci domandavamo se il locale fosse suo: avremmo scoperto poi, nel corso degli anni, che non era suo, però era una seconda casa per lui.

Anche noi ci andavamo molto volentieri e ci portavamo tutti i nostri amici, malgrado il cibo non fosse il fiore all'occhiello del posto e i ragazzi che servivano ai tavoli non sembrassero particolarmente tagliati per quel lavoro. Ci ho messo un po' a capire che, se si comportavano in modo a volte poco ospitale, c'era un motivo; anzi, più di uno. Non solo quei giovani venivano da ambienti culturali tradizionali e si ritrovavano a dover servire alcol o a dover sorridere a gente che era lì, nella loro terra, senza capirla o rispettarla veramente; ma in più venivano tutti da situazioni tremende e da grossi traumi che si portavano ancora sulle spalle. Infatti le persone che lavoravano come cuochi o camerieri al Mihbash in genere non erano professionisti, ma ragazzi che venivano da esperienze di vita difficili e a cui quel locale offriva un'opportunità.

Tanti palestinesi sperimentano, spesso nell'età fragile dell'infanzia e dell'adolescenza, la detenzione nelle carceri israeliane. Tra il 1967 e il 2006, più di ottocentomila palestinesi, inclusi minori, sono stati arrestati e detenuti da Israele, e, com'è ovvio, per chi esce da una prigione israeliana le opportunità di lavoro sono limitate. Così, pur di aiutare questi ragazzi, Abu Hassan li instradava, iniziando a farli lavorare in quello che ormai era il suo quartier generale. Ecco la ragione dell'ombra che accompagnava alcuni dei camerieri del Mihbash.

Per me, Max e i nostri amici e colleghi più affezionati, quel posto era un rifugio ed eravamo felici di viverlo come il nostro punto di incontro, perché lo consideravamo anche un modo molto pratico di dare il nostro piccolo contributo alla difficile vita dei palestinesi a Gerusalemme Est. Poco importava che il servizio non fosse da Guida Michelin o che aleggiasse odore di fritto, misto a *shisha*, che poi era l'argomentazione con cui i nostri amici qualche volta protestavano e tentavano di portarci altrove: «Perché dobbiamo andare sempre in quel posto dove poi quando usciamo ci puzzano i vestiti?». Ma, in un modo o nell'altro, alla fine Max riusciva sempre a convincerli.

***

Tra i vari argomenti delle nostre interminabili chiacchierate, uno di quelli che ritornava di più era senz'altro la detenzione. In seguito, per scrivere il mio secondo report alle Nazioni Unite – «Privazione arbitraria della libertà nel territorio palestinese occupato: l'esperienza palestinese dietro e oltre le sbarre» –, ho avuto occasione di fare ricerche molto più approfondite sull'argomento, da cui sono emerse informazioni raccapriccianti. In questo rapporto, presentato al Consiglio per i diritti umani nel luglio 2023, ho definito *carcerality* («carcerialità») la privazione arbitraria e sistematica della libertà: un sistema di confinamento su larga scala che soffoca ogni aspetto della vita palestinese. Sebbene Israele avesse rifiutato per l'ennesima volta di concedermi l'accesso in Palestina, per preparare il report ho condotto un'indagine di oltre sei mesi che rivela come questo controllo avvenga su tre livelli: fisico (attraverso i checkpoint, i muri e il blocco di Gaza, trasformando tutta quell'area in una prigione a cielo aperto); burocratico (con un sistema di restrizioni che regola e limita ogni movimento); e digitale (grazie a tecnologie di sorveglianza che monitorano costantemente la popolazione).

Le incarcerazioni avvengono spesso senza accuse né

processi equi e il sistema giudiziario israeliano, che ai coloni garantisce il diritto civile, nei confronti dei palestinesi applica invece le leggi militari. Per non parlare delle condizioni assurde e degradanti a cui vengono sottoposti i bambini e i ragazzi, delle forme specifiche di violenza e ricatto subite dalle donne e dalle persone LGBTQ+, del fatto che la tortura è ancora molto diffusa nelle prigioni. Questo è lo scenario. Pratiche che vanno manifestamente contro il rispetto dei diritti umani, e che andrebbero dunque perseguite come crimini di guerra e contro l'umanità. Quale legittimità può avere un sistema giuridico che tratta un'intera popolazione come una minaccia collettiva?

Oltre ai numeri della popolazione palestinese arrestata – dati spaventosi perché, in qualunque condizione, l'arresto e la prigionia ti segnano per sempre –, ho esplorato in particolare la terribile realtà della detenzione dei minori da parte di Israele.

L'arresto di bambini è strumentale alla repressione, ed è una delle armi che Israele usa per perseguitare i palestinesi e privarli dei loro diritti fondamentali. La persecuzione, cioè la privazione «intenzionale e grave» dei diritti fondamentali in virtù della propria identità di gruppo, costituisce un crimine internazionale, riconosciuto dallo Statuto di Roma (quello che istituisce la Corte penale internazionale, competente per crimini contro l'umanità, di guerra, di aggressione e genocidio).

Arrestare un bambino o un ragazzo – tante volte nel cuore della notte – con accuse come quella di aver tirato delle pietre contro i soldati israeliani, contro le automobili dell'esercito o contro i coloni, per poi tormentarlo e costringerlo a fornire informazioni sulla gente della propria città o del quartiere, è un'esperienza che lo segnerà per sempre, scatenando una serie di conseguenze nella sua vita. Prima di tutto, l'esposizione a una violenza simile, per giunta senza l'assistenza di un genitore o di un legale, lascia i minori soli e vulnerabili: maltrattati, minacciati, presi a schiaffi, picchiati, privati della possibilità di difendersi. Spesso sono incatenati mani e piedi alle sedie e così vengono tenuti per lungo tempo, provano dolore, non possono andare in bagno, se la fanno addosso e vengono derisi per questo.

È capitato diverse volte che qualche ragazzo venisse messo in isolamento anche per più di due settimane. Ma gli standard delle Nazioni Unite sul trattamento dei prigionieri indicano che la detenzione in isolamento per più di quindici giorni è da considerarsi una forma di tortura e la vietano espressamente nei confronti degli adulti, figuriamoci dei minori... I bambini non andrebbero imprigionati: le carceri non sono un posto per loro, specie quelle militari, cioè dove finiscono generalmente i palestinesi. Negli anni diverse organizzazioni internazionali hanno espresso raccomandazioni affinché il sistema detentivo militare israeliano rispettasse i diritti dell'infanzia. Ma col senno di poi è stato un errore. Si sarebbe semplicemente dovuto insistere sul fatto che i bambini non vanno arrestati da soldati, accusandoli di crimini vaghi stabiliti da ordini militari di natura vessatoria, e non vanno processati da corti militari, invece si è finito per cercare di rendere l'occupazione più «accettabile». Ma in che modo un'occupazione usata come strumento di oppressione permanente potrebbe essere mai considerata accettabile?

Nel corso degli anni sono andata più volte ad assistere a processi nei confronti di minori, e ho potuto verificare con i miei occhi la loro assurda brutalità. I bambini venivano portati in aula in catene, mi sembrava di rivedere le scene degli schiavi nei campi di lavoro. Piccoli, emaciati, provati, emozionati al pensiero che, per la prima volta dopo l'arresto, avrebbero potuto rivedere i propri genitori, in queste udienze che alla fine duravano pochi minuti in tutto. Il giudice spesso non li guardava nemmeno; sentiva l'accusa – «Ha tirato pietre» – e dava la sua sentenza. Due anni di reclusione. Tre anni di reclusione. E via così. Un giudice generoso, visto che la condanna per lancio di pietre per i palestinesi è fino a dieci anni (venti se con intenzione di nuocere a qualcuno).

Dopo un incubo di questo genere, come ci si può stupire se quando tornano a casa i bambini palestinesi sono traumatizzati, non vogliono più uscire, hanno paura, fanno la pipì a letto e manifestano disturbi o comportamenti violenti? Parliamo di ragazzini di dodici, tredici, quattordici anni, ma ne vengono arrestati anche di più piccoli. Ci sono stati bambini di cinque o sei anni portati via dalle camionette israeliane; magari non detenuti, però interrogati e poi rimandati a casa (basta cercare su internet per rendersene conto). Le conseguenze sono drammatiche e il messaggio è molto chiaro: «Tu sei sotto il nostro controllo. Non sei libero».

Come si può parlare di *conflitto*, come sinonimo di guerra, in una situazione simile?

Il conflitto richiede due parti vagamente comparabili. Israele e Palestina non lo sono: uno è l'occupante e l'altro l'occupato, uno è il colonizzatore e l'altro il colonizzato, posto in una condizione di strutturale subalternità e vittima di un sistema di controllo e segregazione. No, questo non è un conflitto: al massimo può essere visto come un conflitto con l'umanità.

Inoltre, ad aggravare la situazione di oppressione sul popolo palestinese, a tutte le azioni dell'occupazione israeliana si aggiunge paradossalmente anche la stessa Autorità nazionale palestinese, un'istituzione politica creata nel 1993 a seguito degli Accordi di Oslo.

Peccato che questi accordi, firmati tra Israele e l'OLP, in teoria avrebbero dovuto segnare il primo riconoscimento reciproco tra le due parti e stabilire un percorso verso la creazione dello Stato palestinese; ma per i palestinesi non hanno prodotto nessun risultato concreto, se non il rafforzamento della matrice di controllo che ha reso l'occupazione ancora più rapace nell'aquisizione di terra e nella repressione dell'esistenza palestinese. Lo

Stato promesso si è costituito ed esiste formalmente (è persino riconosciuto da centotrentacinque Paesi delle Nazioni Unite), ma nella pratica non si è mai realizzato: l'occupazione israeliana è proseguita, espandendosi geograficamente, e gli insediamenti nel territorio occupato sono continuati, aggravando le misure di sopraffazione.

Ma, anche se gli Accordi di Oslo fossero stati rispettati, questi si basavano comunque su una forte asimmetria di potere tra le parti, che avrebbe permesso a Israele di mantenere il controllo effettivo del territorio, lasciando ai palestinesi solo un'autonomia frammentata e priva di vera sovranità. Questo è stato affermato da molti studiosi sia palestinesi sia israeliani, come Edward Said, Tanya Reinhart, Ilan Pappé o anche da rapporti di organizzazioni come l'israeliana B'Tselem: pur segnando un'importante svolta simbolica, i negoziati di Oslo non hanno messo in discussione l'architettura del controllo israeliano. Ecco perché in tanti ritengono che siano stati proprio questi accordi a legittimare l'occupazione, trasformando l'Autorità nazionale palestinese in un ente amministrativo che governa la popolazione in alcune zone, ma globalmente sotto la sorveglianza e il dominio militare israeliano. Di fatto, al di là dell'intento esplicito di esercitare il pieno controllo civile e di sicurezza nelle maggiori città palestinesi (la cosiddetta zona A) e occuparsi solo del controllo civile nelle aree periurbane del territorio occupato (la zona B), il ruolo principale dell'ANP, secondo gli Accordi di Oslo, è di mantenere il coordinamento della sicurezza con Israele. Ma la sicurezza di chi? La risposta è evidente.

Molti palestinesi vedono nell'ANP un ostacolo al raggiungimento dell'autodeterminazione; questo purtroppo aggrava la frammentazione sociale e politica dei palestinesi.

Oggi più che mai, per il futuro di un palestinese non ci sono molte alternative. Nell'esercizio delle funzioni di base della vita, infatti, è inevitabile scontrarsi con l'israeliano, e non è raro essere imprigionati o uccisi. Anche fare politica conduce allo stesso esito.

Ci sono figure come quella di Khalida Jarrar, parlamentare regolarmente eletta nel 2006 come membro del Consiglio nazionale palestinese, che si ritrova continuamente agli arresti per ragioni di sicurezza. Nel 2021, mentre era in carcere senza accusa e senza processo, Israele non le ha concesso di uscire nemmeno per i funerali di sua figlia, Suha, morta giovanissima a causa di un infarto.

La detenzione da parte dell'esercito israeliano rende i palestinesi prigionieri politici: non vengono arrestati per crimini comuni, ma il capo d'accusa, quando è emesso, spessissimo è relativo alla situazione politica. Da sempre c'è una naturale solidarietà tra la società e i prigionieri, che in qualche modo vengono visti come combattenti. Aiutarsi gli uni con gli altri e supportare le famiglie di chi è in carcere era una priorità dell'Organizzazione per la Liberazione della Palestina prima, e lo è stata poi anche per l'Autorità nazionale palestinese. Almeno fino a febbraio 2025, quando, sotto la pressione degli Stati Uniti, l'ANP ha sospeso il sostegno ai prigionieri palestinesi e alle loro famiglie. Questo ha privato tante persone di un aiuto fondamentale: spesso a essere arrestati sono i capifamiglia, lasciando l'intero nucleo familiare privo di risorse. Ecco perché Abu Hassan ci teneva così tanto a far lavorare quei ragazzi al Mihbash.

È vero che la resistenza può essere violenta e certamente i civili vanno protetti dalla violenza sempre e comunque. Non sto qui a giustificare nessun crimine che i palestinesi abbiano potuto commettere nei confronti di civili israeliani nel lungo corso della loro oppressione. Ma mi viene in mente una riflessione di Bertolt Brecht che trovo estremamente calzante in questo caso, così come in altre situazioni di oppressione sistemica e protratta: «Il fiume che tutto trascina è conosciuto come violento, ma nessuno chiama violenti gli argini che lo arrestano». È venuto il tempo di risolvere la violenza andando alla radice, rimuovendo le cause che la innescano, e che in Palestina sono fondamentalmente l'oppressione e l'apartheid.

George

Cosa significa vivere a Gerusalemme?

All in all it was all just bricks in the wall.
All in all you were all just bricks in the wall.
PINK FLOYD, *Another Brick in the Wall (Part 3)*

Gerusalemme per me è una città soverchiamente religiosa, ma molto poco spirituale: anzi, spesso ho avuto l'impressione che proprio lì si respiri quella religione che affossa lo spirito, malgrado tantissime persone – tra ebrei, musulmani e cristiani – la vivano come fulcro della loro fede.

Geograficamente è una città come tante altre; politicamente però è divisa in due e, se la si conosce bene, è una città frantumata, a partire dalla Road Number One, una strada che la attraversa in direzione nord-sud fungendo da linea di demarcazione tra le aree prevalentemente arabe a est e quelle ebraiche a ovest. Oggi urbanizzata e inglobata nel tessuto cittadino (a est, passa vicino alla Porta di Damasco, Sheikh Jarrah, Musrara...), un tempo è stata un'importante linea di divisione fisica tracciata dalla guerra del 1948, ma anche culturale e politica all'interno della città, di cui conserva un forte valore simbolico e storico.

Nel 1947, l'Assemblea generale delle Nazioni Unite approvò il cosiddetto Partition Plan, il piano di partizione che prevedeva la divisione della Palestina in due Stati, assegnando circa il 55 per cento dei territori al futuro Stato ebraico (pur essendo gli ebrei meno del 35 per cento della popolazione e proprietari di fatto solo del 6 per cento della terra) e il restante 45 ai palestinesi, che individualmente o collettivamente in quel momento possedevano il 94 per cento della terra.

Il piano fu rifiutato dai leader palestinesi e dai Paesi arabi, che lo consideravano ingiusto, e questo portò a una guerra civile, sfociata poi nel conflitto del 1948 dopo la proclamazione dello Stato di Israele.

Le battaglie tra le milizie sioniste e le forze palestinesi e arabe si concentrarono su punti strategici, tra cui la strada che collegava Tel Aviv (all'epoca insediamento di ebrei arrivati dall'Europa orientale per sfuggire alle persecuzioni) a Gerusalemme: la futura Road Number One.

Durante il conflitto che scoppiò nel maggio 1948, in quello che le Nazioni Unite avevano indicato come territorio dello Stato ebraico, uno dei nodi cruciali fu la zona intorno alla città di Latrun, teatro di violenti scontri tra le truppe israeliane e la Legione araba intervenuta a quel punto dalla Giordania.

Dopo l'armistizio del 1949, la Linea Verde di cessate il fuoco venne tracciata proprio in quella zona, e in alcuni tratti la Road Number One la segue ancora oggi, continuando a marcare la separazione tra quartieri palestinesi come Sheikh Jarrah e il dirimpettaio quartiere ebraico ortodosso, al di là della Road Number One, nella zona israeliana di Gerusalemme Ovest.

Nel piano di partizione delle Nazioni Unite, Gerusalemme era immaginata come un *corpus separatum*, una città sotto amministrazione internazionale; ma questo nei fatti non è mai avvenuto. A Israele era stato assegnato il 55 per cento della Palestina storica, ma invece se ne accaparrò il 78, lasciando allo «Stato arabo» immaginato dall'ONU, e osteggiato dagli stessi arabi, solo il 22 per cento e dunque violando pesantemente i termini della partizione. Seguirono scontri tra milizie sioniste e resistenza armata palestinese, vere e proprie aggressioni a villaggi, soprattutto palestinesi, e l'espulsione o la fuga forzata di circa 750.000 palestinesi: la cosiddetta Nakba.

Gerusalemme a quel punto venne divisa in due: la parte Ovest, sotto controllo israeliano, e quella Est, sotto controllo giordano, con la città vecchia che sorge poco oltre l'ex Linea Verde (l'altro nome della Road Number One, dal colore con cui fu tracciata la linea d'armistizio con la Giordania). La città vecchia è spettacolare. Circondata da mura antiche, è formata da quattro quartieri: quello armeno, quello ebraico, quello cristiano e quello musulmano.

Appena fuori dalle mura della città vecchia, dalla parte del quartiere musulmano, c'è la Salah al-Din Street, dove si trova l'Educational Bookshop, la libreria più conosciuta di Gerusalemme Est: un punto di riferimento sia per le persone straniere come noi, sia per i palestinesi con accesso a Gerusalemme.

Al piano terra dell'Educational Bookshop c'è la libreria vera e propria, che ha (o meglio, *aveva*, finché gliel'hanno permesso) una grande selezione di libri moderni e storici sulla Palestina; al piano inferiore una sala in cui si organizzano conferenze e un piccolo caffè dove, quando non c'erano eventi, si servivano dolci fatti in casa; mentre al piano di sopra c'era uno spazio dove studiare e lavorare. Max – che in quel periodo collaborava da remoto con un'organizzazione inglese – ci andava sempre: era diventato il suo ufficio, quando ci siamo trasferiti lì da Ginevra. Un giorno, notando che il personaggio che si sedeva spesso a lavorare accanto a lui aveva un numero incalcolabile di finestre aperte in contemporanea sullo schermo del suo computer, Max gli ha chiesto: «Ma tu come fai a lavorare in questo modo?». Così ha conosciuto George e così è nata la loro (e la nostra) amicizia, ai danni degli altri avventori del caffè: con il loro poderoso tono di voce, sono presto stati ribattezzati la coppia di «inquinatori sonori» per eccellenza.

George è un ingegnere palestinese di Gerusalemme; una persona intelligentissima, brillante, estremamente calorosa. Ha studiato negli Stati Uniti, ha lavorato per anni nella Silicon Valley e all'inizio degli anni Duemila, dopo aver vissuto lì per vent'anni, ha deciso di lasciare tutto e tornare a casa per contribuire alla costruzione di quello che sperava potesse diventare lo Stato libero di Palestina.

In Palestina George ha avuto difficoltà a mantenere un'occupazione degna della sua formazione, soprattutto per la sua indipendenza di pensiero. Faceva molta fatica a lavorare con organizzazioni internazionali, dove ci si aspettava che un palestinese non parlasse di occupazione e apartheid. L'idea era più o meno: «Se vuoi lavorare con noi [i.e. occidentali con la grana], devi adeguarti alla nostra etichetta». Ma George era un anticonformista, e soprattutto una persona di principio, difficile da piegare alla depoliticizzazione dei *donors* occidentali. E naturalmente lavorare con gli israeliani era ancora più complicato, perché perfino i più progressisti mantenevano sempre un certo senso di superiorità nei confronti dei palestinesi e lui non riusciva a sopportare l'idea di sentirsi beneficiario della generosità altrui.

Per un palestinese, vivere a Gerusalemme significa confrontarsi quotidianamente con le implicazioni della subalternità strutturale imposta da Israele. A partire dalla terminologia che noi tendiamo a considerare scontata, e invece non lo è.

Già l'opposizione tra «arabi» ed «ebrei», per esempio, può essere vista come un riverbero del pensiero sionista che tende a semplificare questa terribile situazione di apartheid in termini etnico-religiosi, oscurando la dimensione politica, coloniale e nazionale. Chiamare i palestinesi genericamente «arabi» – come spesso avviene nei manuali scolastici israeliani o nei media mainstream di tutto il mondo – contribuisce a negare la loro identità nazionale: riferirsi ai palestinesi semplicemente come ad «arabi» rischia di insinuare l'idea che non esista una Palestina e che i palestinesi siano ospiti temporanei o, peggio, un'invenzione.

Cosa può significare per un palestinese gerosolimitano vivere tutto il giorno, tutti i giorni, immerso in questa tensione che tocca ogni cosa, comprese le parole apparentemente più banali e che poi invece, a ben guardare, non lo sono per niente?

I nostri amici più cari, che hanno segnato la nostra vita e ci hanno aiutati a navigare il complesso spazio della città in quei primi anni – oltre ad Abu Hassan –, erano George e Ibrahim: due anime complementari. Uno cristiano e uno musulmano; George sempre pieno di energia, una bottiglia di champagne appena stappata, Ibrahim serio, studioso e spesso silenzioso. Ibrahim veniva dalla famiglia Husseini, una delle più importanti in Palestina, discendente del Profeta e soprattutto del Mufti di Gerusalemme, una figura fortemente screditata da una narrazione volta a delegittimare il suo ruolo politico negli anni della creazione dello Stato di Israele in Palestina e a ridurre la sua figura alla controversa vicinanza alla Germania nazista, oscurandone la centralità nella resistenza palestinese al Mandato britannico e al sionismo. In quel periodo Ibrahim viveva in una casa enorme e bellissima nel centro di Gerusalemme Est, faceva il giornalista per un'emittente occidentale e doveva combattere ogni giorno con la necessità di misurare ogni parola: dire la verità su Israele significava rischiare di non essere pubblicato o, peggio, di perdere o vedersi costretto a lasciare il lavoro, come succede a tanti.

Non so come avrei potuto vivere senza di loro e gli altri amici durante quegli anni intensi a Gerusalemme, in cui mi sentivo spesso sconfortata. Dopo sei mesi avrei già voluto andarmene, perché non tolleravo la pesantezza, l'energia opprimente, quella separazione forzata e persistente dai confini tanto fluidi quanto invalicabili che è l'apartheid, anche se all'epoca non avevo ancora quella parola.

Ogni giorno bastava attraversare la città per fare viaggi che mi lasciavano senza parole.

Ricordo che pochi giorni dopo aver conosciuto Ibrahim siamo andati insieme a lui al Muro del Pianto: uno dei principali luoghi sacri dell'ebraismo, venerato come l'unica parte superstite del muro che un tempo circondava il Secondo Tempio di Gerusalemme, per alcuni distrutto dai romani nel Primo secolo d.C, per altri mai esistito, o non esistito lì. A ridosso del Muro del Pianto è situata l'area su cui si erge la Spianata delle Moschee, uno dei luoghi sacri dell'islam.

Come molti siti di Gerusalemme, anche questo posto porta con sé una storia di violenza ed espropriazione. Nel giugno 1967, con l'occupazione militare di Gerusalemme

Est da parte delle forze israeliane, il quartiere marocchino, che stava proprio di fronte al Muro del Pianto, fu posto sotto il controllo dell'occupazione. Nell'arco di una notte, l'intera area di diecimila metri quadrati venne rasa al suolo e circa seicentocinquanta abitanti ne furono sfollati: privati delle loro case per fare spazio ai pellegrini ebrei. Una storia che non viene raccontata alle migliaia di turisti e fedeli che ogni anno visitano questo luogo sacro.

Max, Ibrahim e io quel giorno stavamo camminando nella città vecchia, condividendo queste storie e provando a immaginare come dovesse essere quel posto all'epoca in cui ancora c'erano le case di un tempo, quando, a un certo punto, abbiamo notato un uomo che stava parlando in modo alquanto concitato, come un venditore di pentole che cerca di attirare l'attenzione della folla, di fronte a un gruppetto di persone che sembravano turisti. La scena mi ha incuriosita, perché di solito nessuno è così esuberante a Gerusalemme. Nessuno di quelli che io vedevo quotidianamente, almeno: né i palestinesi, sempre a capo chino per farsi notare il meno possibile, né gli ebrei ultraortodossi che attraversano sempre di corsa il quartiere arabo per recarsi a pregare al Muro del Pianto, né i soldati, seminati dappertutto a controllare la vita dei palestinesi. Quando si è accorto che lo stavo fissando, il tipo mi ha guardato con un sorriso a trentadue denti e le braccia aperte, nemmeno fosse Kate Winslet sulla prua del *Titanic*, poi con un forte accento australiano mi ha detto: «*Welcome to Israel!*».

«Palestina occupata. È Palestina occupata, questa parte qua» gli ho detto con un sorriso piccolo piccolo.

Lui ha ribattuto piccato: «La Palestina non esiste, questo è Israele».

A quel punto Ibrahim, che mi camminava accanto, gli ha chiesto animatamente: «E se la Palestina non esiste, io cosa sono?».

«Tu non esisti» gli ha risposto senza battere ciglio quell'uomo: una persona che anni dopo avremmo scoperto essere a capo di una delle organizzazioni di coloni più aggressive. Ci eravamo appena imbattuti, senza saperlo, in un uomo che, se vivessimo in un mondo giusto, sarebbe in prigione da tempo.

***

George e Ibrahim non erano guide, ma uscire con loro significava esplorare la città vecchia con occhi nuovi. Spesso passavamo ore a chiacchierare nel bellissimo giardino dell'Austrian Hospice, una struttura dedicata ai pellegrini dove lavoravano tanti giovani austriaci. Oppure andavamo insieme al Mihbash, il locale dove stava sempre Abu Hassan, che a un certo punto era anche entrato attivamente nella gestione del posto.

A Gerusalemme Est non c'erano molti locali aperti di sera, ma di giorno si trovavano tanti posti dove fare colazione. Il sabato mattina Max amava svegliarsi con tutta calma, allora io, che ero più mattiniera, andavo spesso con George a Salah al-Din Street, in un posticino cui si accedeva attraverso una scalinata angusta. Al piano interrato c'era un locale semplicissimo, con le piastrelle da cucina sui muri, tavoli bianchi di plastica, sedie bianche e nere, un vecchio frigorifero per le bevande e un banchetto con la friggitoria dove si prendevano i cibi caldi. Lì facevamo la classica colazione palestinese: *hummus*, *hummus basar* (servito caldo, con carne) per George, pomodori, olive, cetrioli, vari tipi di formaggio con olio d'oliva, l'immancabile quintalata di pane da intingere nell'olio e lo *zaatar*. Ricordo che negli ultimi giorni che ho trascorso a Gerusalemme ero nel mezzo della mia prima gravidanza e avevo una voglia pazzesca di cibi piccanti, quindi mi abbuffavo di crema di ceci calda che mangiavo con i *filfil akhdar*, i peperoni verdi piccanti, al posto del pane (il che mi è valso tra i miei amici il soprannome di *Ghazaouia*, «donna di Gaza», visto che lì questi peperoni vanno per la maggiore) e i proprietari erano terrorizzati all'idea che potessi sentirmi male lì dentro: temevano un'irruzione degli israeliani per colpa di un'italiana incinta che rischiava di intossicarsi nel loro locale.

A volte – sempre con George, Ibrahim e Abu Hassan – la sera uscivamo a Gerusalemme Ovest. Andavamo in un posto che si chiamava Toy Bar ed era uno dei rari punti di incontro tra giovani israeliani e palestinesi della città, dove le serate danzanti talvolta evolvevano in feste in cui si ballava sui tavoli fino alla mattina. Tutto si svolgeva nel raggio di poche strade; non molto distante c'era il Diwan, che in arabo significa «divano», un disco bar con dj e tanto spazio per scatenarsi. Dopo tutta la tensione accumulata, ballare era liberatorio, ma non sarei mai andata in un posto dove i miei amici palestinesi non potessero entrare e quella era una specie di zona franca. Inoltre Amir, il ragazzo israeliano che stava all'ingresso, conosceva Abu Hassan, e questo bastava per farci accogliere come se fossimo il pascià con la sua corte al seguito.

Certo, c'erano spesso soldati israeliani, ma bisogna tener presente che quasi tutti i cittadini israeliani ebrei prima o poi sono soldati. Per gli ebrei, ma non per i palestinesi che abitano in Israele, la leva è obbligatoria: dura tre anni per i ragazzi e due per le ragazze. Dopo la leva, è possibile venire richiamati in servizio fino ai quarant'anni, con poche eccezioni. Gli israeliani che si rifiutano di prendere parte all'esercito, come obiettori di coscienza, possono venire incarcerati, anche per mesi.

Poi c'era l'Uganda, un locale aperto da palestinesi del '48, sempre a Gerusalemme Ovest – e che ha chiuso i battenti poco dopo la nostra partenza da Gerusalemme –, il cui nome era una provocazione: l'Uganda era uno dei luoghi che all'inizio del Novecento erano stati proposti per l'insediamento degli ebrei sionisti e la creazione di uno Stato ebraico, prima che si concretizzasse, durante il Mandato britannico in Palestina (1920-1948), la possibilità della fondazione dello Stato di Israele in Palestina.

Tra i tanti posti in cui siamo andati a passeggiare con George, per me restano indimenticabili Talbiya e Baka: due zone contigue nel cuore di Gerusalemme Ovest dove oggi, tra viali alberati e caffè che sembrerebbero appartenere a una qualsiasi città occidentale, si trovano delle case meravigliose. Case elegantissime, uniche, che erano state costruite tra gli anni Venti e Trenta del Novecento mescolando il gusto arabo con influenze ottomane ed europee da famiglie palestinesi benestanti, perché quella era la parte ricca della città dove ebrei, musulmani e cristiani vivevano insieme, prima che la guerra li separasse e prima dell'arrivo del sionismo europeo.

Per lo più sono edifici in pietra chiara – la pietra color crema di Gerusalemme che al tramonto si accende di riflessi dorati, da cui deriva il soprannome di «città d'oro» – con grandi finestre ad arco spesso incorniciate da persiane in legno e soffitti alti. Molte si affacciano su piccoli giardini interni con i sedili di pietra e le pavimentazioni di piastrelle colorate, oggi nascosti dietro cancelli moderni da cui sbuca qualche ciuffo o ramo ribelle di bouganville, fichi, alberi di limone. Alcune conservano le porte originali, robuste, intagliate a mano, con le maniglie di ottone, e dentro si trovano ancora i pavimenti con ceramiche decorate a forme geometriche o motivi floreali, le nicchie a muro, le volte e i camini scelti da chi le ha fatte costruire. Ma dopo il 1948 la maggior parte di queste abitazioni fu assaltata dalle milizie sioniste, svuotata, e i proprietari costretti a fuggire, con la speranza di potervi presto fare ritorno. Invece no; a settantasette anni di distanza, con le case ancora lì, di ritorno, nemmeno a parlarne.

Passeggiando, un giorno George ci ha mostrato da fuori la casa che era stata espropriata a sua nonna, allora io gli ho chiesto: «Vuoi che proviamo a suonare e farci aprire, così almeno potrai vederla anche da dentro?».

Ma lui mi ha risposto con un secco no: «Lasciamo perdere. Ci ho già provato e non ti dico come ci hanno trattati. Ora ci stanno loro, o qualcuno che gli paga l'affitto, perché spesso questi "nuovi proprietari" non vivono nemmeno più nelle nostre case».

Questa stessa storia l'ho sentita molte volte. Palestinesi che riescono a tornare nei luoghi della loro infanzia, tramandati attraverso i ricordi di genitori o nonni sfollati – i sopravvissuti alla Nakba – e, quando arrivano, spesso non trovano nulla. A volte l'edificio è stato raso al suolo, altre volte nuove strutture ne hanno preso il posto; ma forse fa perfino più male quello che è successo a George: tornare e vedere la casa della propria famiglia ancora in piedi, provare a entrare anche solo per poterla guardare una volta nella vita e venire allontanati in malo modo dalle persone che ci abitano, che magari non sono neanche i nuovi proprietari, ma affittuari, come mi spiegava lui. Molte di queste case, infatti, spesso non sono nemmeno abitate, perché tanti ebrei israeliani hanno la doppia cittadinanza e vivono all'estero. Conoscevo addirittura persone che lavoravano per organizzazioni internazionali e avevano preso in affitto case che erano appartenute a palestinesi diventati rifugiati nel 1948: una cosa per me aberrante, ma che purtroppo non mi stupisce più di tanto perché gli espatriati, di cui anche io e Max facevamo parte, più che ineffabili portatori di pace, sono spesso talmente avulsi dalla realtà da non sentire il respiro della terra che calcano. Senza una vera conoscenza dei luoghi dove vivevano, notavo che l'idea di trovarsi lì nelle vesti del *white savior*, il salvatore bianco, impediva a molti dei miei colleghi e amici, soprattutto quelli che lavoravano per le Nazioni Unite, di mettersi in discussione, e io iniziavo a vedere nel loro lavoro e nel fatto stesso di vivere su quella terra una parte del problema che idealmente erano venuti a risolvere.

Infatti, anche se Talbiya e Baka sono oggettivamente zone bellissime, piene di locali e ristoranti graziosi, per me hanno sempre rappresentato un luogo di conflitto interiore. Perché lì si sente in modo fortissimo l'appropriazione culturale, a partire dalla strana fusione tra cucina palestinese e influenze est-europee. Nei menu si trovano sempre *hummus*, *baba ganush*, *falafel*, olio e *zaatar*, accanto alla zuppa di rapa, alla verza... Certo, l'idea di una fusion anche gastronomica tra palestinesi e israeliani sarebbe interessante, se non portasse inevitabilmente con sé il retrogusto dell'apartheid, se Israele non fosse il Paese che più di ogni altro cerca di annientare l'identità palestinese e nel frattempo la demonizza. La cucina di

Talbiya dunque per me non è fusion, ma simboleggia la normalizzazione della pulizia etnica dei palestinesi, che si esprime anche attraverso l'appropriazione indebita di ciò che è e resta cultura palestinese. A meno di un miracolo, temo che ci vorranno decenni prima di eliminare il senso di privilegio e di abuso che oggi impregna ogni cosa, compresi i menu dei ristoranti.

Per questo ritengo che, dall'altra parte della città, Gerusalemme Est – parte integrante della Cisgiordania sotto occupazione militare israeliana – rappresenti una sorta di frontiera coloniale: una realtà segnata dal costante incontro-scontro tra la popolazione palestinese locale (armena, cristiana, musulmana) e l'opera di giudaizzazione, cioè di progressiva imposizione della presenza, del controllo e della cultura ebraico-israeliana, che tocca tutti gli ambiti della vita quotidiana. Questo non vuol dire negare la forte eredità ebraica di Gerusalemme, visto quanti ebrei arabi vivevano nella Gerusalemme pre-Israele. Ma, come scrivono tanti storici anche israeliani, per esempio Menachem Klein, la vita in comune di arabi ebrei da una parte e musulmani e cristiani dall'altra è stata compromessa dal diffondersi del sionismo dalla prima metà del Novecento in poi. Quelle ferite non si sono mai più sanate; o meglio, non ancora.

Qui emerge una delle questioni più complesse e delicate per la maggior parte delle persone che non hanno una conoscenza approfondita della storia della Palestina. Una questione che abbiamo affrontato spesso, nelle chiacchierate e passeggiate con i nostri amici palestinesi e, più tardi nella vita, con amici israeliani: chi sono i veri *indigeni* di quei luoghi? Dire che i palestinesi (identificati come i non-ebrei che vivono, o la cui storia si origina, in quella parte di terra che chiamiamo Santa) sono indigeni effettivamente non vuol dire che gli ebrei non lo siano.

A fine Ottocento, mentre l'Impero Ottomano iniziava il suo declino e parte del sionismo europeo emergeva identificando progetti di creazione di uno Stato ebraico, centrato sull'immigrazione ebraica e sul controllo politico e culturale della popolazione locale, la Palestina storica era dimora di una popolazione a larghissima maggioranza musulmana, con minoranze cristiane ed ebraiche: erano tutti «arabi di Palestina». In seguito alle persecuzioni in Est Europa e alla discriminazione antisemita dilagante in tutto il continente che portò all'orrore dell'Olocausto, migliaia di ebrei emigrarono progressivamente in quello che prima era territorio ottomano e poi Mandato britannico, rappresentando un passo in avanti importante per il progetto coloniale sionista che ebbe tra i suoi padri fondatori l'austriaco Theodor Herzl, i russi Chaim Weizmann e Vladimir Zeev Žabotinskij, e il polacco David Ben Gurion, che nel 1948 divenne il primo premier dello Stato di Israele.

L'*Aliyah*, termine che indica il «ritorno» e usato per descrivere l'immigrazione ebraica verso la Terra di Israele, divenne centrale nel movimento sionista già a partire dalla fine dell'Ottocento.

Dunque è corretto dire che c'era in Palestina una comunità ebraica preesistente al sionismo (pari o inferiore al 10 per cento della popolazione dell'epoca); è corretto dire che la maggior parte degli ebrei che si recarono in Palestina prima e subito dopo la creazione dello Stato di Israele, soprattutto i sopravvissuti all'Olocausto, non avevano molte opzioni perché tanti Paesi occidentali si dimostrarono riluttanti ad accoglierli; a migliaia si ritrovarono senza un rifugio, con comunità distrutte e famiglie decimate. È altrettanto corretto menzionare che oggi molti degli israeliani che vivono nelle colonie in Cisgiordania e a Gerusalemme Est, occupando le case e le terre dei palestinesi, hanno nomi e accenti americani, belgi, francesi, australiani, canadesi. Spesso né loro stessi né i loro genitori sono nati in Israele, ma vengono da città nelle quali tra l'altro restano spesso e volentieri: pur vivendo all'estero, mantengono la proprietà o il controllo degli immobili nel territorio occupato, contribuendo all'esproprio sistematico dei palestinesi.

Vivere a Gerusalemme significa anche passare per la strada e vedere gli oggetti personali di una famiglia ammassati sul marciapiede, mentre qualcuno entra a vivere nella sua casa come se nulla fosse.

Ci sono vari modi di acquisire le case palestinesi, per gli israeliani. Di per sé non c'è nulla di male nel voler acquistare una proprietà, ma il punto è che a Gerusalemme, come in altri luoghi, non si tratta di semplici individui che si innamorano di una casa e decidono di comprarla, ma di organizzazioni che operano perseguendo un preciso progetto politico di giudaizzazione di ciò che resta della Palestina. Uno degli uomini simbolo di questo sistema, nonché uno dei più aggressivi, è Daniel Lauria: la stessa persona con cui io e il mio amico Ibrahim avevamo avuto quel battibecco al Muro del Pianto. Anni dopo l'ho riconosciuto in un documentario sui coloni, in cui spiega, orgoglioso, il suo impegno nell'«agevolare» la compravendita di case e terre dei palestinesi per aiutare il ritorno degli ebrei. In un documentario che descrive l'operato di Ateret Cohanim, l'organizzazione guidata da Lauria, un altro colono viene ripreso in una scena che è diventata virale in cui Muna El-Kurd, la sorella gemella di Mohammed, gli dice: «Lei sta rubando la mia casa!» e lui risponde senza alcuna vergogna: «*If I don't steal it, someone else is going to steal it*» (Se non la rubo io, lo farà qualcun altro). E con gente come Lauria in giro, come dargli torto.

Ateret Cohanim in sostanza fa in modo di sfrattare i palestinesi – spesso con titoli di proprietà decisamente discutibili – o di convincerli a vendere le loro case. Alcuni accettano di farlo per disperazione, venendo poi ostracizzati dalla comunità, quindi vendendo in segreto e poi scappando all'estero; mentre altri vengono semplicemente cacciati.

Anche quando le acquisizioni sono legali restano comunque parte di un'occupazione, perché si avvalgono di strumenti vessatori. Proprio sopra casa nostra a Gerusalemme c'erano dei coloni, e la loro presenza era sempre esibita con guardie di sicurezza, bandiere israeliane, riproduzioni di gigantesche menorah in bilico sui tetti... Perfino Ariel Sharon aveva comprato una casa a Gerusalemme Est, e non si trovava in una stradina secondaria, ma in un punto ben visibile, uno slargo vicino alla Porta di Damasco dove passavo per andare verso l'Austrian Hospice e dove più di una volta ho visto perquisizioni brutali e pestaggi di giovani palestinesi da parte dei soldati israeliani. Era fondamentale che quella casa si trovasse in un luogo di passaggio, proprio perché doveva essere un edificio simbolico. Anche questo contribuisce a far sì che l'atmosfera a Gerusalemme sia sempre tesa. Quando attraversi il quartiere arabo della città vecchia per andare al Muro del Pianto o alla Spianata delle Moschee, lo sguardo che si leva verso il cielo incontra enormi bandiere israeliane e simboli ebraici in case che fino a poco prima erano state abitate da palestinesi. Per un palestinese la possibilità di tornare a casa e trovarci dentro dei coloni, come è successo a tanti, è fonte di un'angoscia permanente.

***

Al di là dei suoi tanti incanti – la vita trafficata dei suoi vicoli gremiti di botteghe e fedeli in movimento verso la preghiera, la magia che ti abbraccia quando la guardi dall'alto delle sue mura poderose, da un tetto o una terrazza, magari nell'ora della preghiera per gli arabi, in cui da tutti i minareti si innalzano canti avvolgenti –, Gerusalemme mi ha sempre trasmesso un senso di malinconia. Sia quando ci abitavo, sia in tutte le occasioni in cui ci sono tornata, ero contenta di esserci, eppure allo stesso tempo avvertivo un vuoto, un freddo interiore. Ogni volta che ci ho rimesso piede è stato un affondo via via più pesante. Malgrado sia una città vibrante, è come se le fosse stato strappato qualcosa che non è mai più tornato. E la popolazione palestinese della città è particolarmente afflitta.

Gerusalemme è sempre stata un centro importante per la vita del popolo palestinese; non solo per la religione, ma anche perché, almeno fino alla costruzione del muro di separazione che Israele ha eretto in Cisgiordania, era un crocevia commerciale che funzionava da ponte tra il nord e il sud di quest'area. Gli altri punti nodali sono Nablus ed Hebron, ma Gerusalemme era il fulcro centrale verso cui tutti confluivano, prima degli anni Duemila. Oggi è stata tagliata fuori, chiusa dal muro (che un parere emesso nel 2004 dalla Corte internazionale di giustizia ha definito illegittimo e da smantellare, senza che da questa decisione scaturisse alcun effetto concreto). Quindi oggi i palestinesi di Gerusalemme possono andare in Cisgiordania, ma chi vive in Cisgiordania può entrare in città solo con permessi rilasciati da Israele, spesso difficili se non impossibili da ottenere.

Questo ha colpito catastroficamente l'economia locale, perché pastori, beduini e molti palestinesi dediti ad attività rurali e artigianali erano legati al commercio cittadino e Gerusalemme era un centro nevralgico per la vendita, per esempio, di prodotti lattiero-caseari, che da lì venivano distribuiti nell'intera regione. Ora è tutto finito. Come ha evidenziato anche Amnesty International nel report del 2022 «Israel's Apartheid Against Palestinians», i palestinesi vivono sotto giurisdizioni distinte e soggetti a permessi rigidi che li separano tra loro e li isolano dalle proprie terre e famiglie.

Far arrivare i prodotti palestinesi in città è diventato così complicato che i commercianti finiscono per vendere quelli delle colonie. Ricordo che nei primi tempi questo mi sorprendeva molto: ma non è che un altro aspetto di quella realtà schizofrenica, difficile da navigare.

A partire da ottobre 2023, con il crescere delle restrizioni, degli attacchi, degli abusi e con l'assenza di visitatori, quasi tutti i negozi palestinesi che conoscevo hanno chiuso. Il turismo è drasticamente diminuito; forse rimane aperto qualche banchetto di succo d'arancia e melograno per i pochi pellegrini che ancora visitano la città, ma il resto? A Gerusalemme molte famiglie palestinesi, lavorando nell'ospitalità e nella ristorazione, dipendono quasi esclusivamente dal turismo internazionale. Ricordo che già dieci o quindici anni fa era rarissimo vedere israeliani avventurarsi nelle aree arabe della città. Addirittura, se si prende un taxi nella parte Ovest di Gerusalemme, non è garantito che il conducente accetti di andare fino a Gerusalemme Est, temendo possibili attacchi. Che questi timori siano fondati o no, fanno di Gerusalemme una città «naturalmente» divisa: come certi laghi dove le correnti di acqua di colori diversi scorrono vicine senza mai mescolarsi. Ma qui di naturale c'è solo l'apparenza. La sostanza è quella di un regime di separazione, segregazione razziale o, meglio, etnoreligiosa. Di apartheid.

Ho lasciato Gerusalemme alla fine del 2012, con mia figlia Leila in grembo. Max era partito poco dopo la fine dell'estate, per trasferirsi a Washington; in attesa di raggiungerlo, mi sono trattenuta finché la gravidanza me lo ha permesso. Ho aspettato che la casa si svuotasse di tutti i mobili e l'ho salutata in una mattina di tardo novembre, mentre la luce proiettava l'ombra dei rami del melograno della terrazza sul pavimento della mia stanza da letto, in cui era rimasto ormai solo il materasso.

Così mi ha trovata George: seduta sul pavimento a guardarmi i piedi nudi, lambiti da quel gioco di ombre. Ha allungato una mano per aiutarmi a rialzarmi e siamo andati a fare l'ultima colazione a Salah al-Din: l'ultimo coccolone mancato al ristoratore che non ne poteva più di me e della mia ossessione per i peperoni verdi a colazione. Poi siamo passati a salutare i fratelli Muna, i proprietari dell'Educational Bookshop, dove ho comprato l'ennesima pila di libri prima di congedarmi, con George che mi accompagnava in questa trafila di saluti con il suo sorriso gentile e sornione. «*Habibti*» mi apostrofava affettuoso ogni volta che dicevo una scemenza. Quando era serio, mi chiamava «Frenci», o «*Kbire*». Da Gerusalemme in avanti, io sono stata Frenci *Kbire* («alta») per differenziarmi dall'altra nostra amica carissima, Francesca Bombi. Lei, per tutti noi, era e rimane Frenci *Sghire* («piccoletta»).

Lasciata Gerusalemme, io, Max e George ci siamo rivisti relativamente presto: a marzo lui è stato la prima persona cara, dopo Max e mia madre, a prendere in braccio Leila, al suo secondo giorno di vita, in una clinica di Washington. E nel corso del tempo non abbiamo mai perso di vista lo «zio George», che ha continuato a venire a trovarci negli Stati Uniti e in Italia, come io trovavo sempre il modo di salutarlo tutte le volte che sono rientrata in Palestina, durante gli anni di ricerca e scrittura del libro sui rifugiati palestinesi.

Poi il genocidio si è abbattuto su tutti noi come una mannaia. Ci siamo sentiti molto meno. Dopo un anno, io e George abbiamo ripreso a scriverci. Lui mi ha detto che ha avuto un crollo, che non è stato bene, forse ha sofferto anche un po' di depressione; e in fondo chi non si sente depresso tra i palestinesi, di questi tempi?

Anche per me ci sono stati momenti di crollo. Ricordo le prime settimane del genocidio, tra ottobre e novembre 2023, quando piangevo spesso perché non riuscivo a elaborare nella mia mente tutte quelle morti: duecento, duecentocinquanta persone al giorno, i bambini, le storie orribili che sentivo... Cercavo di resistere, ma in quel periodo non c'ero per nessuno, a volte neanche per i miei figli o per mia mamma, la cui mente nel frattempo continuava a evaporare. Ogni mattina bisognava alzarsi, fare la conta dei morti, cercare di capire cosa fosse successo, verificare l'informazione, parlare con gli altri esperti, rispondere a chi mi chiamava da Gaza o dalla Cisgiordania, esaudire quante più richieste di giornalisti possibile, ricordarsi di respirare. Ho una memoria vividissima di una mattina di ottobre in cui mi trovavo in Italia e ho fatto un'intervista con la BBC con gli occhi che sembravano quelli di una rana, tanto avevo pianto sin dalle prime ore del giorno, guardando le immagini della distruzione di Gaza, e non riuscendo ad arginare il malessere suscitato dall'urlo disumano di vendetta che continuava a levarsi dalle orde di giovani militari in tenuta d'assalto.

Sono seguiti mesi di apnea pura.

Poi, piano piano, è come se avessi dovuto imparare a creare un muro tra me come persona e tutto il resto, per riuscire a tornare alla mia vita; però sempre un po' a metà, sempre claudicante, accettando l'idea di essere cambiata definitivamente, di avere perso anch'io qualcosa che non potrà più tornare.

Intanto anche l'Educational Bookshop, nei primi mesi del 2025, è balzato alle cronache. L'esercito israeliano ha fatto irruzione nel negozio per due volte, arrestando i proprietari e saccheggiando gli scaffali: ha portato via tutti i libri che avevano in copertina una bandiera palestinese o qualcosa che non fosse gradito ai militari, tra cui anche una copia di una rivista israeliana, un libro da colorare per bambini che è stato confiscato come prova di istigazione al terrorismo e il saggio sullo status legale dei rifugiati palestinesi nel diritto internazionale, *Palestinian Refugees in International Law*, che ho scritto con Lex Takkenberg e pubblicato per la Oxford University Press nel 2020. Il colonialismo di insediamento israeliano, infatti, si prende la briga di reprimere anche la creazione di una coscienza collettiva, palestinese e internazionale, che metta in luce la realtà dell'occupazione. Per quale altro motivo dovrebbero distruggere i luoghi di cultura, che a ben vedere non sono altro che spazi di resistenza pacifica all'occupazione?

Vivere a Gerusalemme significa pure questo.

Alon

Come si fa a riconoscere una persona antisemita?

> *Apartheid* era un vocabolo nuovo ma l'idea era vecchia. Significa letteralmente «separatezza» [...]. Quello che era esistito più o meno *de facto* doveva implacabilmente affermarsi *de jure*. La segregazione [...] doveva essere consolidata in un sistema monolitico, diabolico nei dettagli, ineludibile nella portata e soverchiante nel potere.
>
> NELSON MANDELA

Oggi più che mai, in una situazione in cui si accusano di antisemitismo i palestinesi – cioè un popolo attualmente vittima di genocidio – così come le persone che si battono per la giustizia, è necessario capire cosa si intende per «antisemitismo» e quali pericoli possono derivare dall'uso improprio di questo termine.

Quando sono diventata Relatrice speciale delle Nazioni Unite per il territorio palestinese occupato, nel maggio 2022, mi era già stata rivolta una quantità indecorosa di insulti, e contro di me erano stati stilati persino diversi rapporti, principalmente a firma di un'organizzazione tanto cialtrona nello spirito e nella comprensione dei diritti umani quanto efficiente nella diffamazione sistematica di chiunque osi esprimere critiche nei confronti dello Stato di Israele. Tale è UN Watch: in teoria, un organismo nato per monitorare il rispetto dei principi della Carta delle Nazioni Unite, promuovendo i diritti umani e la responsabilità dei governi all'interno del sistema ONU. In pratica, un vero e proprio strumento della propaganda israeliana all'interno delle Nazioni Unite. Ma chi conosce Israele non se ne stupisce.

Nella prima estate del mio incarico sono stata invitata a tenere un'audizione alla Commissione Affari esteri e comunitari della Camera dei deputati italiana, e durante la presentazione l'allora presidente Piero Fassino è intervenuto, giudicando la mia lettura della questione israelo-palestinese «unilaterale» e invitandomi a una maggiore «terzietà». Insomma, secondo lui ero di parte.

Con l'ingenuità della novizia, sono caduta dalle nuvole. In che senso, sarei di parte? Perché mai un personaggio politico richiama all'imparzialità un funzionario internazionale che ha gentilmente accettato l'invito a riferire su una situazione di una gravità estrema? In più non riuscivo proprio a capire: come mai prima mi invitano e poi mi attaccano? La questione all'epoca ha seminato il caos all'interno della Commissione, con Laura Boldrini e altri insorti per difendermi, e infine è diventata di dominio pubblico.

Sono seguite una serie di lettere aperte tra me e Fassino, con vari passaggi attraverso l'allora presidente della Camera Roberto Fico. Ed è proprio nel mezzo di tutto questo carteggio che ho conosciuto Alon Confino, un professore universitario italo-israeliano che insegnava History and Judaic and Near Eastern Studies al Massachusetts Institute of Technology ed era direttore dell'Institute for Holocaust, Genocide, and Memory Studies negli Stati Uniti.

Alon stava seguendo la vicenda sui giornali italiani e mi ha scritto dicendomi: «Sto assistendo a quello che succede. È una vergogna, e ti vorrei aiutare. Dimmi se posso scrivere qualcosa».

E così ha fatto: ha scritto una bellissima lettera aperta in inglese e io l'ho aiutato a tradurla, visto che non si sentiva sicuro a farlo da solo, anche se parlava uno splendido italiano. L'ha proposta a «Repubblica», che però non l'ha pubblicata; idem per altri giornali a cui l'aveva fatta avere. Alla fine, la sua lettera aperta non è mai uscita, ma da quell'occasione tra di noi è nata una fortissima collaborazione e una bella amicizia che è durata fino agli ultimi giorni di vita di Alon, nel giugno 2024.

Nel primo periodo della nostra conoscenza, Alon Confino ha portato la mia attenzione su una questione molto importante, introducendomi alla diatriba interna tra gli studiosi ebrei di tutto il mondo circa la definizione di antisemitismo proposta dall'organizzazione IHRA (International Holocaust Remembrance Alliance).

In verità l'antisemitismo dovrebbe essere già definito di per sé: consiste nell'odio, la discriminazione, il pregiudizio, la violenza nei confronti degli ebrei in quanto ebrei, esattamente come l'islamofobia è l'odio, la discriminazione, il pregiudizio, la violenza nei confronti dei musulmani in quanto musulmani e così via.

Questa organizzazione, invece, nel 2016 aveva proposto una definizione particolare di antisemitismo, verbosa, complessa e melliflua: «L'antisemitismo è una certa percezione degli ebrei che può essere espressa come odio per gli ebrei. Manifestazioni di antisemitismo verbali e fisiche sono dirette verso gli ebrei o i non-ebrei e/o alle loro proprietà, verso istituzioni comunitarie ebraiche e edifici utilizzati per il culto». Alla definizione, apparentemente innocua, si accompagnano undici esempi pratici che collegano l'antisemitismo alla critica nei confronti dello Stato di Israele e delle sue politiche.

La pericolosità di questa definizione è che dà la possibilità di ritenere qualsivoglia critica allo Stato di Israele come antisemita. In sintesi, poiché Israele si definisce «Stato ebraico», criticarlo significherebbe essere antisemiti, che ci siano o meno violazioni documentate attribuibili a Israele. Questa equazione è nociva, e non sono stata né la prima né l'unica a sostenerlo. Come mi ha spesso detto Alon, confondere la critica dello Stato di Israele con l'antisemitismo è rischiosissimo sia per i palestinesi sia per gli ebrei stessi: perché, ragionando in questi termini, si fa un'associazione immediata tra tutti gli ebrei e lo Stato di Israele. Invece non è così. Alon era israeliano, amava profondamente Israele, e come lui ci sono tanti ebrei americani o europei che non vogliono avere nulla a che fare con i crimini dello Stato di Israele.

Molti di questi ebrei sono antisionisti, altri non apertamente, altri ancora per nulla.

Inoltre, facendo equazioni improprie tra antisionismo e critica dello Stato di Israele si tralascia di parlare del *vero* antisemitismo, che è ripugnante ma esiste ancora: è quello delle destre che vedono gli ebrei – così come gli arabi o le persone omosessuali –, come qualcosa di impuro da eliminare dal sistema occidentale al fine di preservarne la purezza. Sembra che l'idea della razza superiore, trasformata in ideologia politica di sterminio dalla Germania nazista un secolo fa, non sia scomparsa con Hitler, come dice lo studioso israeliano Raz Segal, docente di Studi sull'Olocausto e sul Genocidio presso la Stockton University, nel New Jersey. Questa ideologia si è nascosta e trasformata, ma pulsa ancora nelle vene delle nostre società, anche quelle occidentali che predicano di essere fondate sui diritti umani e sulle libertà fondamentali.

Raz Segal ha evidenziato come concetti di supremazia razziale siano riemersi in contesti contemporanei, sottolineando l'uso di una retorica che disumanizza i palestinesi e richiama ideologie di supremazia razziale.

Il mito della razza, a ben guardare, non è nemmeno stato inventato da Hitler, che ne ha però fatto una bandiera politica di distruzione e sterminio. È l'anima nera travestita di bianco che aleggia attraverso cinquecento anni di colonizzazione, a partire dal 1492. Quella che da bambina mi hanno insegnato a chiamare la «scoperta dell'America» è in realtà l'evento che segna l'inizio della fine per migliaia di popoli del continente americano. Con quelle tre caravelle Cristoforo Colombo divenne lo strumento dell'avidità di potere di Isabella, regina di Spagna, che desiderava appropriarsi di oro e risorse: giungendo nel «Nuovo Mondo» (terra di popoli dalle tradizioni millenarie come Irochesi, Apache, Navajo, Sioux, Cherokee, Inuit, Inca, Mapuche, Muisca, Guaraní e molti altri), Colombo segnò l'inizio dello sfruttamento dell'America Latina, a cui seguì la conquista del Nord America in cui i padri pellegrini, fuggendo dalle carestie in Europa, si appropriarono delle terre abitate da centinaia di popoli indigeni che oggi rischiano di essere cancellati dalla storia. Esempio lampante ne è il fatto che la storia di un Paese fondato su un genocidio, come gli Stati Uniti, viene raccontata a partire dal 4 luglio 1776, quando le Tredici Colonie si distaccarono dalla Gran Bretagna tramite la Dichiarazione di indipendenza. Questo evento vedrebbe la nascita degli Stati Uniti come nazione sovrana, tralasciando il fatto che solo nei primi centocinquant'anni di colonizzazione europea delle Americhe, a partire dal 1492, si stima che siano morte decine di milioni di indigeni, sterminati da conquiste militari, schiavitù, deportazioni e dalla diffusione di malattie portate dagli europei, contro cui non avevano difese immunitarie.

Di questi genocidi, che in molte regioni hanno causato un crollo demografico dal 70 per cento fino al 90 per cento della popolazione originaria, si parla raramente, o li si racconta in chiave rassicurante, normalizzando l'abominio. L'intera filmografia western (fino a *Soldato blu* e *Balla coi lupi*) ha documentato in forma romanzata il genocidio dei cosiddetti «pellerossa», termine a sua volta razzista e denigratorio. La storia la scrivono i vincitori, che spesso sono anche i massacratori. Ma quelli che restano la loro storia se la portano scritta dentro, viaggia nel loro DNA, e appena hanno l'occasione di prendere una penna in mano la correggono: per esempio, *The Rediscovery of America*, di Ned Blackhawk, è uno dei libri più illuminanti che ho letto in questo lungo anno e mezzo di genocidio in Palestina, e altro non è che un testo di storia di quello che ha preceduto e poi condotto alla creazione degli Stati Uniti dalla prospettiva dei loro popoli indigeni.

***

Oggi nessuno (o quasi nessuno, almeno in teoria) potrebbe negare la lettura del colonialismo europeo nei confronti dei popoli nativi dell'America, dal momento che sono passati molti secoli e il tempo continua a illuminare certi aspetti con sempre maggiore chiarezza. Mentre sembra che il discorso si faccia estremamente più difficile quando si toccano situazioni che riguardano il presente.

Con Alon ho parlato tanto di questi argomenti. Dopo

i nostri primi scambi per email e telefono, abbiamo avviato una collaborazione molto bella, intensa. Ho fatto leggere a lui e al suo fraterno amico Amos Goldberg – docente di Storia Ebraica ed Ebraismo Contemporaneo all'Università Ebraica di Gerusalemme, e uno dei pochi israeliani che abbiano denunciato apertamente il genocidio perpetrato nei confronti dei palestinesi dopo il 7 ottobre – il rapporto sull'autodeterminazione che stavo preparando nel 2022 per le Nazioni Unite, ed entrambi mi hanno detto: «Buona fortuna! Il problema non è come costruisci l'idea del diritto all'autodeterminazione, bensì il fatto che imputi a Israele la colpa di essere un regime coloniale».

«Ma lo è...»

«Sì, sappiamo che lo è, però preparati, perché ti scaricheranno contro di tutto.»

Infatti è successo. La mia visita in Palestina, che era stata programmata per dicembre 2022, è stata bloccata e l'attacco nei miei confronti con l'accusa di antisemitismo non si è mai più sopito, a dispetto delle levate di scudi in mia difesa da tante parti del mondo, dagli accademici ai giornalisti, agli attivisti. Gli ebrei progressisti, sempre in prima fila.

Grazie ad Alon e Amos, tra l'altro, mi sono immersa in un mondo di studiosi ebrei israeliani, inglesi, americani con i quali è nata una collaborazione per contrastare ciò che stava accadendo alle Nazioni Unite, dove gruppi di pressione pro-Israele stavano avanzando con tutti i mezzi a disposizione, insistendo con il Segretario generale affinché le Nazioni Unite adottassero la definizione di antisemitismo che includeva automaticamente le critiche a Israele.

Quelle pressioni, dove applicate con successo, hanno avuto effetti reali.

Venticinque dei ventisette Stati europei a oggi hanno adottato in qualche forma questa definizione, che non è legalmente vincolante, ma è diventata uno standard in uso presso i governi, le università e persino le aziende. In Italia, a partire dal 2020 il Consiglio dei ministri ha adottato la definizione dell'IHRA. La Lufthansa e molte altre compagnie aeree l'hanno fatta propria.

Cosa comporta tutto questo? Comporta l'eventualità che, se indossi una kefiah o una spilletta con la bandiera della Palestina, un giorno tu possa essere considerato passibile di sanzioni, dal momento che in base a quei parametri la bandiera o altri simboli di identità palestinese potrebbero essere visti come un affronto allo Stato di Israele o una negazione della sua esistenza. Siamo arrivati a un livello di oppressione e di rifiuto della ragione senza precedenti.

Certo, assistiamo anche a un livello di consapevolezza senza precedenti. Mai prima d'ora si era vista una messa in discussione così sostenuta nei confronti dello Stato di Israele. Mai prima d'ora c'era stata una tale mobilitazione. Non parlo solo delle piazze che si riempiono, ma anche di importanti azioni legali in corso, come quelle sostenute da varie organizzazioni internazionali contro i governi dei Paesi dove operano – per ora Regno Unito, Danimarca e Olanda – per aver dato supporto e trasferito armi a Israele in un periodo in cui commetteva gravissimi crimini internazionali contro i palestinesi; o come la Hind Rajab Foundation, l'associazione che chiede giustizia contro tutti i soldati e le soldatesse israeliane su cui sono state raccolte prove di coinvolgimento in crimini di guerra e atti di genocidio.

Eppure, in molti Paesi si tenta di bloccare questi procedimenti legali, proprio perché accusati di essere «antisemiti». Quindi, da una parte c'è sicuramente più conoscenza e consapevolezza, ma dall'altra anche una crescente repressione: sintomo di una debolezza strutturale del sistema di oppressione globale di cui sono vittima i palestinesi. E questo non accade soltanto per mano di Israele, ma anche negli Stati Uniti, in Canada, in Australia, in Europa, dove spesso i palestinesi vengono discriminati proprio con l'idea che la loro stessa esistenza potrebbe rappresentare un danno o un imbarazzo per lo Stato di Israele.

È evidente la distorsione logica, la mancanza di razionalità. A tratti sembra quasi un'ostinazione a non voler capire, a mostrarsi incapaci di andare a fondo. Forse perché capire obbliga ad agire.

Resto senza parole quando leggo certi articoli che parlano di «palestinesi pieni d'odio». Ma chi, oggi, non proverebbe rabbia o dolore di fronte alle azioni di Israele, al modo in cui queste azioni vengono condotte e alla sua capacità di silenziare il dibattito ovunque?

E in ogni caso, quali che siano i sentimenti, non sono questi a dover guidare le scelte politiche. Il criterio dev'essere la legalità: quello è il metro che segna il limite di ciò che la politica può – o non può – fare.

Quando ho stretto amicizia con Alon, Amos e altri firmatari della Jerusalem Declaration on Antisemitism (alternativa all'IHRA e fedele alla premessa: l'antisemitismo è l'odio verso gli ebrei in quanto ebrei), nel 2022, dinanzi al rischio che la definizione dell'IHRA venisse adottata dalle Nazioni Unite, ho deciso di consultare altri Relatori speciali, quelli che dal punto di vista tematico potevano aiutarci a capire come affrontare la questione: libertà d'espressione, libertà d'associazione, razzismo, difesa dei diritti umani. I diversi Relatori si sono consultati con me e con gli studiosi ebrei che ci chiedevano sostegno contro la diffusione della definizione dell'IHRA, che nel frattempo era stata ricusata anche dagli stessi autori, visto l'uso svergognato che ne stavano facendo Israele e i gruppi di pressione pro-Israele. Insieme abbiamo deciso di scrivere al Segretario generale dell'ONU e all'Alto Rappresentante delle Nazioni Unite per l'alleanza delle civiltà, che aveva ricevuto la delega per occuparsi di questa definizione di antisemitismo.

In un anno abbiamo contribuito a rendere il processo consultivo avviato dall'ONU leggermente più democratico, aperto a voci progressiste e critiche. Come avrebbero potuto le Nazioni Unite adottare una definizione che non solo non definisce, ma è anche estremamente controversa e pericolosa?

A oggi, quella definizione non è mai stata ufficialmente adottata; inoltre, sebbene le Nazioni Unite abbiano continuato a intrattenere discussioni e seminari con questi gruppi di pressione, nel frattempo è nata anche la pressione contraria e sono state aperte le porte a un gruppo di studiosi, tra cui proprio Alon Confino, Amos Goldberg e David Feldman, che sono andati più volte a conferire con le Nazioni Unite.

Nell'ottobre 2022, un rapporto stilato dalla Relatrice speciale ONU sulle forme contemporanee di razzismo E. Tendayi Achiume ha messo nero su bianco il fatto che la definizione dell'IHRA, oltre a essere stata contestata dai maggiori esperti in materia, era pericolosissima: «La sua influenza de facto sulle politiche e le pratiche dei governi e degli attori privati ha contribuito a violazioni dei diritti umani, tra cui la libertà di espressione, di riunione e di partecipazione politica, tra gli altri».

Intanto mi stavo preparando per la visita in Palestina che era prevista a dicembre. Per la prima volta, dopo quattordici anni (dal 2008 al 2022) in cui il governo israeliano non aveva mai risposto alle richieste dei Relatori speciali, avevo deciso di cambiare tecnica. Anziché chiedere l'autorizzazione, li avevo semplicemente informati: «Andrò da questa data a questa data e farò questi incontri». Tra le righe volevo che si leggesse il concetto: «Voi non mi potete fermare, perché siete una potenza occupante illegittima; quindi io vado. Mi sono coordinata con i palestinesi e vi sto mettendo al corrente affinché facilitiate la mia missione come meglio potete».

Dopo un solo giorno, le autorità israeliane avevano già protestato presso le Nazioni Unite, lamentando che non avessi seguito le regole, che per andare nel territorio palestinese occupato avrei comunque avuto bisogno del loro coordinamento e indicando le procedure che dovevo adempiere.

Nessun problema. Adempio tutte le procedure richieste e procedo con l'organizzazione della missione. Tuttavia, sette giorni prima della partenza, un quotidiano israeliano – noto a molti come portavoce non ufficiale del governo – dà grande risalto a una notizia preparata ad arte come vera e propria bomba mediatica.

Al centro della notizia, l'accusa che io fossi inoppugnabilmente un'antisemita, come dimostrava un post che avevo pubblicato su Facebook all'epoca dell'offensiva israeliana nella Striscia di Gaza, avviata l'8 luglio 2014, in cui morirono oltre duemila persone, tra cui circa cinquecento bambini, e undicimila rimasero ferite. Il mio post conteneva un appello a finanziare le Nazioni Unite, che in quel momento davano assistenza alla popolazione colpita, e una critica all'Occidente che di fronte all'ennesimo flagello di palestinesi rimaneva inerte, a differenza dei Paesi africani, asiatici e sudamericani, sostenendo che l'Europa fosse soggiogata dal senso di colpa per l'Olocausto e l'America dalla lobby ebraica. La scelta infelice delle parole di quel post è oltremodo evidente: se è vero che esiste una fortissima lobby pro-Israele, e che effettivamente è possibile che molti ebrei ne facciano parte, è sbagliato parlare di «lobby ebraica». Questo infatti adombra le responsabilità di altri gruppi nel sostenere Israele, come i cristiani sionisti, per esempio, per i quali il ritorno degli ebrei in Terrasanta rappresenta la realizzazione della profezia biblica, e il cui fanatismo religioso ha raggiunto dimensioni pericolose in America e altrove. Ancora più grave, all'epoca, da parte mia era stata la mancanza di una necessaria e indispensabile distinzione tra gli ebrei sionisti – soprattutto quelli che reclamano la sovranità degli ebrei dalla riva al mare (un progetto marcatamente discriminatorio e pertanto proibito dai trattati internazionali, come la Convenzione internazionale sull'eliminazione di ogni forma di discriminazione razziale) – e gli ebrei che si oppongono, o semplicemente non vogliono essere associati, a questo disegno politico. Fondamentalmente, Israele non rappresenta tutti gli ebrei, così come l'Italia, la Spagna o gli Stati Uniti non rappresentano tutti i cattolici.

Era il 15 dicembre 2022; ricordo nei dettagli ogni particolare di quella giornata in cui questa notizia si diffondeva rapidamente, generando un'ampia eco, e io vedevo all'improvviso la mia testa di Relatrice speciale rotolare giù per la collina e finire nel fango. Ma ancora una volta vennero in mio aiuto proprio gli amici e compagni israeliani con cui mesi prima avevo intrapreso un cammino congiunto per la protezione dei diritti fondamentali, in Palestina e non solo. Quella stessa sera, collegati in videoconferenza con me, c'erano Alon, Amos, Daniel Levy e David Feldman, che avevano letto la notizia ed erano felici di aiutarmi ad affrontare la situazione. Ho ancora adesso davanti agli occhi l'immagine di Alon, nel suo studio chiaro ed essenziale in Massachusetts, che mi dice: «Non ti scusare, Francesca. *You can't apologize. They will mop the floor with your face if you apologize*». Puliranno il pavimento con la tua faccia, se ti scusi. «*You will have to distance yourself from the words you used, which were infelicitous*», suggerendomi di limitarmi a prendere le distanze dalle parole che avevo usato in passato, e che in effetti erano state veramente infelici. Il focus principale della discussione – insisteva Alon – doveva assolutamente restare sulla Palestina, considerata la violenza sistemica e strutturale cui erano (e sono) sottoposti i palestinesi.

Alon era bravissimo con le parole, sofisticato tanto nel pensiero quanto nell'espressione, quindi il concetto delle parole *infelicitous* è stato fondamentale per la mia risposta pubblica, nella quale ho manifestato proprio l'idea che i termini usati all'epoca non fossero gli stessi che avrei usato adesso, a maggior ragione nell'ottica del mio mandato. Quella è stata anche l'occasione per sfruttare lo spazio creatosi attorno a quel polverone come un varco utile per affrontare l'argomento dell'antisemitismo, quello vero, muovendomi contro la strumentalizzazione spudorata che ne stavano facendo da più parti.

Le parole di Alon, ma anche di Amos e Daniel Levy, con cui ho poi stretto un'amicizia profonda, avevano rafforzato la mia posizione, aiutandomi a costruire attorno al mio impegno una corazza che ancora oggi mi accompagna. Da quel momento si sarebbero abbattute su di me, incessanti, ancora innumerevoli palate di fango lanciate dai vari gruppi di pressione pro-Israele.

Eppure, il fatto che in quell'occasione io fossi riuscita a tenere la testa alta dinanzi a tanta furia mi ha fatto guadagnare il rispetto di molte realtà della società civile, inclusi diversi gruppi ebraici progressisti e tanti intellettuali che da allora si sono spesso mobilitati a mio sostegno, contro qualsiasi accusa mi sia piovuta addosso.

Per esempio Avi Shlaim, noto storico israeliano e docente presso l'Università di Oxford, pochi giorni dopo quell'assalto mediatico, ha pubblicato una lettera in cui scriveva: «I tre pilastri principali dell'ebraismo sono la verità, la giustizia e la pace. Albanese incarna questi valori in misura straordinariamente alta. E ci saranno molti ebrei in tutto il mondo disturbati dal tradimento da parte di Israele di questi valori ebraici fondamentali».

In quelle giornate difficili, le sue parole hanno avuto un significato politico e personale che non potrò mai dimenticare.

Tutto questo non faceva altro che rafforzare la collaborazione e la stima tra me e Alon.

***

All'inizio del 2023 il giornale «Altreconomia» mi aveva invitata a presentare al Senato italiano il mio rapporto sull'autodeterminazione e io avevo proposto di coinvolgere anche Alon. Malgrado le pressioni dell'ambasciata israeliana in Italia perché quell'evento non si tenesse, e il conseguente nervosismo tra gli stessi organizzatori, sono arrivata a Roma entusiasta di affrontare questo momento istituzionale nel mio Paese avendo vicino a me una figura della caratura intellettuale e umana di Alon. Inoltre, ero felicissima di poterlo incontrare finalmente di persona.

Il pomeriggio precedente all'evento ci eravamo dati appuntamento davanti alla libreria Feltrinelli di largo Argentina: lì ho trovato questo signore distinto con un ombrello sottobraccio e tantissimi capelli bianchi, voluminosi, che gli davano l'aria di una persona che non si prende troppo sul serio. Ci siamo abbracciati come se ci stessimo ritrovando dopo tanto tempo e abbiamo iniziato a passeggiare. La destinazione era parlare, continuare a parlare, ovunque i piedi ci guidassero.

Abbiamo camminato a lungo per le vie del Ghetto ebraico, siamo passati in libreria e abbiamo trascorso una bellissima serata a mangiare carciofi, bere, discutere di musica e di libri, insieme ad alcune tra le mie più care amiche. Ricordo che alla fine della cena, quando ci siamo salutati, dopo aver mandato un selfie ad Amos che in quel momento si trovava a Gerusalemme, Alon si è messo a ridere e mi ha detto: «Chissà se qualcuno ha notato che ero con te a cena... Sarò tranquillo ad attraversare il Ghetto da solo, di notte?».

L'indomani mattina ci siamo visti nei pressi del Senato e abbiamo fatto la nostra presentazione.

Ci hanno ospitati in una sala magnifica e abbiamo avuto occasione di toccare dei temi che a entrambi stavano molto a cuore. È stato un evento bellissimo e ho apprezzato immensamente non solo il fatto che Alon si sia speso per difendere la mia reputazione con la sua indiscutibile autorevolezza, ma anche le parole che ha usato, che in Italia sono completamente inusitate circa Palestina e Israele. Alon ha iniziato il suo intervento parlando di antisemitismo, spiegandone l'origine e l'evoluzione. Ha ricordato che il termine è stato coniato nel 1879, segnando una svolta nella comprensione dell'odio verso gli ebrei, che da religioso è diventato razziale e politico. Poi ha parlato del tema che per primo ci ha permesso di conoscerci, ovvero l'uso ideologico dell'accusa di antisemitismo, sottolineando come troppo spesso questa venga impiegata per silenziare critiche fondate e legittime rivolte a Israele e al sionismo, distogliendo così l'attenzione dai diritti umani dei palestinesi. Secondo lui «l'accusa di antisemitismo è spesso un'arma ideologica contro individui, accademici, giornalisti che osano sostenere l'uguaglianza di diritti civili, culturali, economici, politici e sociali per i palestinesi o denunciare le violazioni del diritto internazionale nel territorio palestinese occupato».

Alon ha anche affrontato la complessa posizione degli ebrei israeliani, affermando che possono essere contemporaneamente vittime e aggressori nella misura in cui Israele, sebbene nato sulle ceneri dell'Olocausto, oggi esercita un dominio oppressivo sui palestinesi. Ha criticato la politicizzazione della Shoah, ribadendo che non può essere usata per giustificare violazioni dei diritti umani, e proprio per questo ha insistito sulla necessità di distinguere tra antisemitismo e antisionismo, sostenendo che «parlare di cose politiche sul sionismo e su Israele non è antisemitismo, è parte della conversazione e del dibattito che *dobbiamo* avere». Dobbiamo. Lui percepiva come un dovere denunciare l'apartheid a cui erano sottoposti i palestinesi, proprio in nome del suo ebraismo e del suo amore per Israele. Allo stesso modo, io sento che è un dovere anche per me, che osservo questo periodo disturbante in cui i palestinesi vengono massacrati e al contempo colpevolizzati e diffamati ovunque, al pari di coloro che li difendono e li sostengono. Provo il senso di responsabilità di un'europea consapevole di ciò che gli europei hanno fatto per secoli, e di un'italiana consapevole che gli italiani sono stati compartecipi della Shoah, in nome di un'ideologia razzista, meno di un secolo fa; temo che tali ideologie possano riemergere, e perciò mi impegno ogni giorno, con tutti i mezzi a mia disposizione, per creare un tessuto che le estirpi sul nascere.

Nel mio intervento, accanto ad Alon, quel giorno ho parlato di autodeterminazione come diritto a esistere in quanto popolo, diritto che non può essere negoziato – come scrivevo nel rapporto, «le violazioni del diritto internazionale non dovrebbero essere sottoposte a negoziati, poiché questo legittimerebbe ciò che è illegale» –, sottolineando che per troppo tempo la questione palestinese è stata ridotta a una crisi umanitaria, invece di essere affrontata come una questione politica da risolvere in conformità al diritto internazionale. Limitarsi agli aiuti senza affrontare le cause strutturali della crisi significa perpetuare l'ingiustizia, normalizzandola, anziché fare tutto il possibile per sradicarla. Inoltre, ho contestato la narrazione che tende a presentare la situazione in Palestina come un «conflitto», quando in realtà si tratta di una condizione strutturale di dominazione e spossessamento, che rientra nel paradigma del colonialismo di insediamento.

Ho spiegato, infatti, che l'occupazione israeliana non è temporanea, ma fa parte di un progetto più ampio che combina colonialismo di insediamento, apartheid e occupazione militare. Non è possibile parlare di sviluppo o di «pace economica» senza prima porre fine alla dominazione, e anzi continuare a iniettare soldi e aiuti umanitari è paragonabile all'idea di provare a far funzionare un giocattolo rotto: e su questo la comunità internazionale ha spesso fallito, adottando paradigmi inadeguati che non affrontano le radici del problema. Alla base di tutto c'è il diritto fondamentale del popolo palestinese all'autodeterminazione, un diritto umano che da decenni viene continuamente violato.

Mi sembra ovvio, lapalissiano, che tutto questo non abbia niente a che fare con l'antisemitismo, ma solo con la volontà di applicare le leggi internazionali che gli Stati hanno stipulato. Leggi che sono tali – e che dunque hanno il potere di delimitare il perimetro della politica, distinguendo ciò che è concesso da ciò che è proibito – solo se si possono considerare oggettive e universali, e quindi vanno garantite a ogni persona sulla Terra.

Sono stata felice, quel giorno, di poter parlare in una cornice pubblica e formale della speranza che io vedo soprattutto nelle nuove generazioni: certamente tra i palestinesi, ma anche nella società civile internazionale, e tra tantissimi ebrei della diaspora, soprattutto negli Stati Uniti. Ho spiegato come, a mio avviso, gran parte dei dibattiti su varie rivendicazioni sociali si articolano, o dovrebbero articolarsi, attraverso il linguaggio dei diritti umani, che ci mostra come la politica spesso arrivi in ritardo, o a volte addirittura si opponga al cambiamento.

Ho portato l'esempio dell'apartheid in Sudafrica, ricordando che non era stato smantellato perché, all'improvviso, altri Stati testimoni di quelle atrocità avevano deciso di agire per virtù propria e imporre sanzioni. Anzi! In un primo momento molti governi occidentali avevano resistito alla condanna, fino a quando si sono trovati praticamente costretti a riconoscere che non potevano più opporsi a una campagna globale di sostegno al movimento antiapartheid.

Alla fine, hanno dovuto cedere di fronte a una realtà che non potevano più ignorare. Eppure quel cambiamento non era avvenuto dall'alto: era stato il risultato di una trasformazione interna alla società sudafricana stessa e di vent'anni di mobilitazione della società civile in tutto il mondo.

Queste parole, dette da quel podio, con il supporto di tante interviste pubblicate su vari giornali, hanno avuto una certa risonanza. E poiché Alon Confino era quello che era, nessuno osava attaccarlo ferocemente come facevano con me. La sua reputazione, la sua tempra, quel giorno, sono state una dimostrazione stupenda di quanto l'unione possa davvero fare la forza.

***

Finito l'incontro, siamo andati di nuovo a passeggiare per Roma. La cosa bella di Alon è che era un grande intellettuale, aveva un modo di parlare poderoso e ti faceva sentire la forza delle sue idee; eppure al tempo stesso sapeva dimostrarsi un uomo semplice, raffinatamente scanzonato. Terminato il pranzo con i giornalisti, la prima cosa che mi ha detto è stata: «Dai, andiamo al Colosseo, così ci facciamo una foto da mandare ad Amos e lo facciamo morire d'invidia!».

Non c'era nessuno stacco tra le chiacchiere amichevoli, le conversazioni che abbracciavano la sua amata compagna Tal e i suoi figli, che vivevano in Israele, e la prosecuzione dei discorsi che avevamo fatto poche ore prima a Palazzo Giustiniani. Addirittura mi ricordo che a un certo punto, proprio mentre arrivavamo nei pressi del Colosseo, io gli stavo dicendo qualcosa come: «Tu non credi che gli ebrei europei siano andati in Palestina perché non avevano un altro posto dove andare, e non perché ci fosse veramente un legame con quella terra?». La narrativa sulla ragione per cui lo Stato ebraico si fosse insediato in Palestina mi sembrava un po' piatta: certo, rispetto ad altri Paesi come l'Argentina o l'Uganda, la Palestina aveva un richiamo biblico, però in quel momento non riuscivo a vedere molto altro. «Quindi a tutti gli effetti lo possiamo definire colonialismo di insediamento, no?» ho continuato. «Perché i sionisti europei non sarebbero andati in Palestina, se non avessero in qualche modo strumentalizzato o enfatizzato ad arte l'elemento religioso.»

A quel punto lui si è fermato in mezzo alla strada, è scoppiato a ridere e mi ha detto: «Be', Francesca, se fossi una mia studentessa, adesso rischieresti di essere bocciata all'esame!». E poi, con un tono più serio e più dolce: «Non è proprio così. Quello che tu dici non è del tutto accurato. Ma forse posso provare a spiegarti meglio».

E lì, con lo sfondo del Colosseo, mi ha parlato a lungo della complessa matrice delle rivendicazioni all'autodeterminazione degli ebrei europei, e non solo. Non abbiamo neanche provato a entrare, al Colosseo, per vederlo dall'interno, visto che c'era troppa fila e che eravamo entrambi immersi in quella conversazione; quindi siamo rimasti lì su una panchina a chiacchierare. «C'è molto di più, per noi. Il popolo ebraico ha un legame fortissimo con quella terra e con Gerusalemme in particolare. È la nostra storia. Ovviamente, il fatto che ci sia questo legame non significa che ne siamo i padroni. Però dobbiamo essere capaci di presentare sempre la complessità del processo storico, compreso il fatto che davvero non c'era nessun posto dove molti di noi potessero più sentirsi al sicuro. Questo è un punto importantissimo. Dopo l'Olocausto, non è che noi fossimo protetti, non è che a un certo punto tutti abbiano aperto gli occhi e abbiano detto: "Oh, poveri ebrei, aiutiamoli". No, continuavano a non volerci. Nessuno ci voleva, in Europa. Noi eravamo gli appestati, dovevamo in qualche modo sparire dal loro sguardo. Perché gli europei non potevano neanche tollerare l'idea che ci fossero degli ebrei vittime di tutto quello che era successo.»

Alon non era contrario all'idea che si usasse il paradigma del colonialismo di insediamento in riferimento a Israele. «Però» mi ha detto quel pomeriggio «bisogna capire bene quali sono le specificità del colonialismo di insediamento di matrice ebraica. Perché alla base c'è sempre stato comunque un legame fortissimo con quei luoghi, e sarebbe sbagliato dire che l'interesse degli ebrei per Gerusalemme e per la Palestina sia posticcio e costituisca soltanto una scusa. L'amore per quella terra è profondamente radicato nella nostra storia e nella nostra cultura.»

Le sue parole sono state importantissime. Da quella conversazione ho sempre continuato a portare con me il pensiero che lo Stato di Israele è quello che ha dato orgoglio, legittimità, visibilità al popolo ebraico e agli ebrei europei, in una fase storica come quella degli anni Cinquanta e Sessanta in cui era ancora vivo un fortissimo e diffuso antisemitismo, facendo sentire protetti gli ebrei per la prima volta nella storia. Questa comprensione per me resterà sempre legata ad Alon e a quel pomeriggio per le strade di Roma.

E ancora più importante e indimenticabile è stato il sorriso con cui ha concluso il discorso, prendendo il telefono e avvicinandosi a me: «Dai, mandiamo la foto ad Amos e poi, anche se fa freddo, a me andrebbe tantissimo di mangiare un gelato, che ne dici?». Non ricordo se siamo andati a mangiare il gelato per davvero. Senz'altro però dopo siamo andati a Trastevere, sempre camminando e chiacchierando, e poi ancora a mangiare carciofi con la mia amica Rania Hammad, figlia dello storico rappresentante dell'OLP in Italia, Nimer Hammad, e altri amici. Lasciarsi in quell'atmosfera gioviale è stato un bel modo di salutarci; e comunque io e Alon avevamo già in programma di vederci di lì a poco.

Nel marzo 2023 stavamo organizzando una partecipazione di Alon alla mia presentazione del rapporto anche a Ginevra, quando, in una videochiamata di cui ricordo vividamente il suo pullover verde e il viso impercettibilmente turbato, mi ha detto: «Sai che non so se riesco a venire? Non sto tanto bene, devo fare dei controlli».

Dopo un paio di settimane, ad aprile, è arrivata la diagnosi di leucemia ed è iniziato il suo tormento. Intanto io stavo preparando il mio secondo rapporto sulla privazione della libertà personale in Palestina, e anche su quello Alon e Amos mi sono stati di grande supporto, leggendone varie versioni e dandomi i loro commenti, perfino mentre Alon faceva le cure di chemioterapia. A seguire, la corrispondenza si è diradata e io cercavo di coinvolgerlo meno, perché mi rendevo conto che si stancava molto.

Poi, d'un colpo, la storia impazzisce di nuovo. Il 7 ottobre ci è scoppiato in faccia con una violenza incredibile. Appena un paio di settimane dopo sono andata negli Stati Uniti a presentare il mio rapporto sull'infanzia, che è passato completamente inosservato nonostante fosse, come diceva Amos, «ricco di tutto»: i numeri dei bambini uccisi, feriti, rimasti mutilati a causa delle varie guerre e degli attacchi, la catastrofica situazione della mancanza di cure che in seguito è degenerata in un modo indicibile, ma che già prima del 7 ottobre per molti era insostenibile. Da diciassette anni, da Gaza non si poteva uscire e non entrava quasi nulla senza il consenso di Israele, e questo significava che non si poteva intervenire su malattie altrimenti curabilissime, come il diabete. Ci sono stati bambini con patologie non gravi, ma che richiedevano trattamenti particolari non disponibili a Gaza, che sono morti dentro le mura di casa, perché non avevano il permesso e la possibilità di andare fuori a farsi visitare da uno specialista o di ricevere i farmaci necessari.

Eppure, tutto questo non sembrava avere una grande importanza per nessuno. Anzi, in Europa per tanto tempo, e in molti, hanno continuato a sostenere che l'attacco del 7 ottobre fosse stato «l'attacco antisemita peggiore dopo la Shoah»; tra questi, anche il presidente francese Emmanuel Macron, a cui un bel giorno ho risposto pubblicamente, sui social: «Il "più grande massacro antisemita del nostro secolo"? No, signor Macron. Le vittime del 7 ottobre non sono state uccise a causa del loro giudaismo, ma in reazione all'oppressione da parte di Israele. La Francia e la comunità internazionale non hanno fatto nulla per impedirlo. I miei rispetti alle vittime».

Questo mi è costato la rottura dei rapporti con la diplomazia francese, ma anche in quel caso potevo appoggiarmi alle parole importanti che Alon stava scrivendo in quei mesi, alle quali io ho attinto come un dono. Lui e Amos, insieme ad altri studiosi dell'Olocausto e dell'antisemitismo, nel novembre 2023 avevano firmato un articolo sul «New York Review» in cui criticavano l'uso strumentale della memoria storica per giustificare l'aggressione a Gaza. Denunciavano che insistere sul fatto che «Hamas siano i nuovi nazisti», attribuendo ai palestinesi una responsabilità collettiva, servisse a screditare chi ne difendeva i diritti. Sottolineavano l'importanza di distinguere tra Hamas e la popolazione palestinese nel suo insieme, e avvertivano che «la confusione tra antisemitismo e critica a Israele» non solo mina la lotta contro il vero antisemitismo, ma legittima la repressione del dissenso e la cancellazione della causa palestinese dal dibattito pubblico.

Per me la cosa più terribile era che quell'atteggiamento a cui Macron stava dando voce deresponsabilizzava completamente Israele, annullando la discussione su tutte le gravissime violazioni del diritto internazionale commesse ai danni dei palestinesi per decenni.

Il giorno stesso in cui ho messo piede negli Stati Uniti, nell'ottobre 2023, ho chiamato Alon e gli ho detto: «Vengo a trovarti».

Lui non stava bene, e mi ha risposto: «Scusami, ma non sono in condizioni di vedere nessuno, le mie difese immunitarie sono molto basse, non ti posso far venire a casa, mi dispiace».

Ma dietro suggerimento di Amos, suo grandissimo amico oltre che collega, mi sono permessa di insistere e alla fine abbiamo deciso che sarei andata a trovarlo a Boston e, anziché vederci in casa, saremmo andati da qualche parte.

Ci siamo incontrati in un ristorante, dove ho finalmente conosciuto anche la sua compagna, la meravigliosa Tal: avevamo trovato un posto completamente vuoto in cui potessimo vederci tenendoci a distanza, e lui non ha mai tolto la mascherina. Siamo rimasti tantissimo a chiacchierare e, dopo esserci affannati per prendere tutte quelle precauzioni, abbiamo concluso la serata abbracciandoci.

Lui era molto abbattuto, e non solo per la sua salute. Diceva: «Israele è finito. Adesso ne vedo davvero la fine, ma non ho più le forze per fare qualcosa».

Quella è stata l'ultima volta in cui l'ho visto.

Alon Confino è morto il 27 giugno 2024.

Ingrid

Come si fa ad abbattere l'apartheid?

> L'uomo nudo si tolse le braccia dal capo.
> Era caduto e guardava. Guardò chi lo colpiva, sangue gli scorreva sulla faccia, e la cagna Gudrun sentì il sangue.
> «*Fange ihn! Beisse ihn!*» disse il capitano.
> Gudrun addentò l'uomo, strappando dalla spalla.
> «*An die Gurgel*» disse il capitano.
>
> ELIO VITTORINI, *Uomini e no*

La prima volta che ho sentito un discorso articolato sulle ragioni per cui era necessario definire apartheid la situazione in Palestina è stato nel 2017, a una conferenza organizzata in Giordania da accademici e società civile araba. Adesso ci sembra una nozione ovvia, ma fino a qualche anno fa non lo era affatto.

Partiamo dal presupposto che esistono diversi strumenti di diritto internazionale per proteggere le persone, come i trattati sui diritti umani e, in situazioni di conflitti armati, il diritto umanitario. Questi sono stati adottati dopo le due guerre mondiali fondamentalmente per rendere i conflitti meno atroci, e per proteggere il più possibile la popolazione civile dall'orrore della guerra, ma elevano anche gli individui – quindi non solo, o non più solo, gli Stati – a soggetti di diritto in ambito internazionale.

I diritti umani non ci sono stati regalati: ognuno di essi è frutto di lotte e conquiste di individui come noi. La tratta degli schiavi è stata eliminata anche grazie al movimento abolizionista; l'apartheid e la segregazione razziale sono stati messi al bando grazie a vere e proprie battaglie civili, e così abbiamo fatto importanti passi avanti nei diritti dei lavoratori, delle donne, dei minori, delle persone portatrici di diversità. Il cammino per i diritti umani non è lineare, e la missione non è compiuta. Ce lo dice il tempo in cui viviamo.

Ma torniamo alla Palestina.

Fino a qualche anno fa, il principale – se non l'unico – quadro giuridico di riferimento per molti, in relazione al territorio palestinese occupato, è stato quello del diritto umanitario, cioè le leggi della guerra e dell'occupazione militare, in base al quale l'occupazione militare è accettata solo se temporanea, se legata a esigenze militari precise e se avviene nel pieno rispetto dei diritti della popolazione civile.

Israele, invece, occupa Gaza, la Cisgiordania e Gerusalemme Est dal 1967 senza limiti di tempo né giustificazione valida. La stessa ONU ne aveva chiesto il ritiro, con una risoluzione approvata pochi mesi dopo l'inizio dell'occupazione, ricordando che non è mai legittimo acquisire territori con la forza.

Eppure Israele non solo ha ignorato quell'ordine, ma anzi ha esteso la sua presenza nel territorio occupato, incluso il Golan siriano, sostituendo le autorità locali con personale militare israeliano, imponendo leggi militari, espropriando terre, demolendo case e costruendo oltre trecento colonie, dove oggi vivono circa ottocentomila coloni israeliani. Tutto questo, sebbene l'illegalità di tali azioni sia riconosciuta dal diritto internazionale. Uno dei principi fondamentali della Carta delle Nazioni Unite stabilisce che è vietato acquisire territori con la forza, e la Corte internazionale di giustizia ha ribadito più volte che una potenza occupante deve garantire i diritti fondamentali della popolazione occupata e non può impedire il diritto all'autodeterminazione.

In Palestina, invece, succede esattamente questo.

Per coprire le violazioni, Israele ha usato un linguaggio ambiguo: ha parlato di territorio «conteso» invece che occupato, di popolazione «ostile» invece che occupata, cioè da proteggere. Anche la comunità internazionale, spesso, ha preferito arroccarsi nei termini piuttosto che affrontare con decisione la realtà inaccettabile dell'occupazione permanente e delle sue conseguenze.

Nel frattempo, all'ombra di questo dibattito sulle parole anziché sulle azioni compiute, Israele ha continuato ad asfaltare sistematicamente non solo i territori, ma anche il diritto internazionale. Distorcendo il senso stesso del diritto e della giustizia. L'illegalità di questa condotta è insanabile, perché tocca uno dei cardini dell'ordine internazionale: devono essere le regole del diritto a governare le relazioni tra Stati, e non l'arbitrio del più forte.

***

Il 2017 per me ha rappresentato un'altra svolta intellettuale poderosa, dopo quella che mi aveva dato la frequentazione della SOAS nel 2005.

Alla conferenza a cui ho assistito in Giordania nel maggio di quell'anno, Michael Lynk – il mio predecessore nel ruolo di Relatore speciale delle Nazioni Unite per il territorio palestinese occupato –, basandosi sulla giurisprudenza relativa all'occupazione del Sudafrica nei confronti della Rhodesia e della Namibia (allora chiamata Africa del Sud-Ovest), aveva spiegato come mai, secondo il diritto internazionale, l'occupazione israeliana dovesse considerarsi illegale.

In estrema sintesi, infatti, la giurisprudenza della Corte internazionale di giustizia aveva stabilito che la presenza sudafricana in Africa del Sud-Ovest fosse illegale proprio perché: a) non rispondeva a scopi militari e b) violava gli obblighi fondamentali dell'occupazione. Tali obblighi prevedono che l'occupazione debba salvaguardare il benessere della popolazione occupata e non sottometterla, alterarne l'identità o modificare lo status del territorio e il quadro giuridico della popolazione. Inoltre, quell'occupazione non era stata temporanea: si era trasformata in una condizione permanente.

Come affermò Michael Lynk quel giorno in relazione al caso della Namibia, l'occupazione militare non può mai essere considerata un veicolo per la colonizzazione. *Bingo!* Con quelle parole, aveva rotto una barriera. Se l'occupazione è illegale, non si deve assolutamente normalizzare: bisogna vigilare su ogni aspetto e in ogni momento e imporne la fine.

All'epoca di quella conferenza, avevo lasciato le Nazioni Unite da sei anni, ma mentre lo ascoltavo, tornando al periodo in cui avevo lavorato in Palestina, improvvisamente tutto diventava più chiaro. Nei miei anni palestinesi mi era capitato spesso di farmi questo tipo di domande: perché continuiamo a utilizzare il diritto internazionale umanitario, quando è chiaro che l'occupazione militare sta servendo a togliere la terra e distruggere la vita ai palestinesi?

Il fatto che lo strumento legale fosse diventato inadeguato a proteggere le persone era una nozione in qualche modo già presente in me, ma le parole del mio predecessore sono state importanti e, guardandomi indietro, mi sono detta: "Ha ragione Michael Lynk".

Dopo di lui, intervenne Ingrid Jaradat Gassner, esperta di Palestina di lunga data. Proseguendo l'analisi del quadro giuridico più giusto per la situazione palestinese, Ingrid insisteva sull'uso del concetto di apartheid. Al tempo, parlare di apartheid in relazione alla condotta di Israele non era affatto usuale, soprattutto fuori da un certo attivismo. La portata di ciò che Ingrid diceva era così rivoluzionaria che in tanti non la capimmo fino in fondo: prova ne è il fatto che, nel volume scientifico sulla giurisprudenza relativa alla legislazione sui rifugiati palestinesi a cui stavo lavorando in quel periodo, considerammo solo marginalmente il regime di apartheid. Benché Ingrid non fosse una giurista, il suo contributo si è dimostrato essenziale per riuscire a leggere insieme, dalla prospettiva più corretta, tutte le norme a protezione di individui e gruppi.

Ingrid era olandese, ma da molto tempo viveva in Palestina, a Beit Jala, vicino a Betlemme, nella Cisgiordania occupata. Con suo marito Mohammed Jaradat, nel 1998 era stata tra i fondatori del centro di ricerca BADIL, l'organizzazione di riferimento in Palestina sulla questione dei rifugiati palestinesi dal 1948 in poi. Nel 2005 è stata cofondatrice del movimento BDS (Boycott, Divestment and Sanctions), ispirato alla resistenza globale contro l'apartheid in Sudafrica e fondato sul diritto internazionale. Il movimento era nato poco dopo un parere consultivo di grande rilievo del 2004 della Corte internazionale di giustizia, la quale stabiliva che la costruzione del muro avviata due anni prima e le pratiche messe in atto da parte di Israele nella Cisgiordania e nella Gerusalemme occupata fossero in grave violazione del diritto internazionale e di diritti fondamentali dei palestinesi, come la libertà di movimento, l'accesso a risorse e servizi essenziali e, soprattutto, il diritto all'autodeterminazione del popolo palestinese.

Quel muro, che taglia fuori i palestinesi da Gerusalemme e che ancora oggi, a distanza di oltre vent'anni, nessuno è riuscito a far abbattere, riduce enormemente le loro possibilità: come può sostenersi l'economia di un gruppo di persone all'interno di una città come Gerusalemme, circondata su un lato dalla parte israeliana e sugli altri tre lati da colonie nel territorio occupato, se questi individui producono servizi per una clientela che non può raggiungerli e se non possono comprare prodotti palestinesi perché i contatti con chi produce fuori città sono stati recisi? Il muro, inoltre, impedisce alle famiglie di restare unite e in contatto, come pure ai cristiani e ai musulmani di andare a pregare a Gerusalemme. Quindi è davvero una questione che condiziona moltissimi aspetti nella vita di una persona.

La storica decisione della Corte internazionale di giustizia era fondata sul diritto all'autodeterminazione: un diritto così importante e centrale che, secondo la legge sulla responsabilità internazionale degli Stati, va sostenuto da tutti i Paesi membri delle Nazioni Unite e implica l'obbligo, per tutti loro, di non riconoscere la situazione illegittima creata dall'occupazione e di agire per garantire il rispetto delle norme internazionali, inclusi i diritti umani. Quindi i Paesi ONU sarebbero obbligati a non dare assistenza e non supportare in nessun modo l'occupazione; e altresì chiedere la cessazione della costruzione del muro.

Da un punto di vista giuridico, è stato un momento

epocale, perché era la prima volta che un tribunale si pronunciava sulla questione israelo-palestinese.

Eppure, da un punto di vista pratico, non si è mosso nessuno.

È così dunque che nel 2005, in risposta all'inazione degli Stati dopo quel pronunciamento, è stato creato il BDS: un movimento nato dal basso con l'intento di promuovere boicottaggio, disinvestimenti e sanzioni nei confronti di Israele per spingerlo a rientrare nelle regole della legislazione internazionale e nel rispetto dei principi universali sui diritti umani. Un perfetto esempio, ai miei occhi, di cosa dovrebbe essere la società civile: il sistema di anticorpi di una società sana e rispettosa delle regole universali, a livello sia nazionale sia internazionale.

Ingrid era stata tra i fondatori di questo movimento, ispirato alle attività di supporto contro l'apartheid in Sudafrica, dove c'era stata una grossa campagna di boicottaggio, disinvestimento e sanzioni ben prima che gli Stati si decidessero ad agire. Ancora oggi noi non possiamo pensare al Sudafrica senza che ci affiori alla mente la parola «apartheid», ma in quel caso il grosso era stato fatto dal basso, e tutto era partito proprio dalla società civile, anzi da una singola persona: una giovane lavoratrice, che aveva deciso di mettere in campo azioni pratiche alla sua portata.

Tutto iniziò in Irlanda nel 1984, quando Mary Manning, una cassiera di ventun anni, si rifiutò di passare alla cassa del supermercato in cui lavorava, Dunnes, dei pompelmi provenienti dal Sudafrica, seguendo la direttiva del suo sindacato, che invitava i lavoratori a boicottare i prodotti sudafricani come gesto di protesta contro le politiche di segregazione e oppressione. Quando Manning e la rappresentante sindacale, Karen Gearon, continuarono a rifiutarsi di maneggiare qualunque prodotto sudafricano, invitando gli altri lavoratori a fare lo stesso, vennero sospese e diedero inizio a uno sciopero a cui si unirono altri otto colleghi.

Lo sciopero durò quasi tre anni, fino all'aprile 1987, e innescò una reazione a catena che portò l'Irlanda a diventare il primo Paese occidentale a imporre un divieto totale all'importazione di merci sudafricane, grazie alla pressione pubblica suscitata dal gesto coraggioso di Mary e dei suoi colleghi.

Il divieto rimase in vigore fino al termine del regime dell'apartheid nel 1994. In occasione della consegna a Nelson Mandela della cittadinanza onoraria di Dublino nel 1990, lo stesso Mandela riconobbe il valore del loro gesto. Affermò che, così facendo, gli scioperanti avevano dimostrato ai sudafricani che della gente comune, lontana dal luogo dove si stavano svolgendo quelle vicende, aveva avuto un ruolo pionieristico nella lotta contro l'apartheid. Anche questo pensiero, disse, lo aveva aiutato a resistere in carcere. Ma non solo. Quando nel 1984 l'arcivescovo Desmond Tutu fu insignito del premio Nobel per la pace e invitò i manifestanti di Dunnes a partecipare alla cerimonia, il movimento antiapartheid nato in Irlanda fu investito da un'ondata di sostegno che fomentò la crescente opposizione all'apartheid, creando un passaggio necessario e devastante per abbattere questo sistema.

Per far crollare i regimi oppressivi bisogna colpirli al cuore, cioè alla tasca: dove ricevono gli incassi dei proventi dello sfruttamento. È la stessa filosofia che sostiene il BDS, il quale infatti si impegna a esporre pubblicamente le complicità internazionali – non solo politiche, ma anche economiche – con il regime di apartheid imposto dallo Stato di Israele nei confronti dei palestinesi.

Il discorso sull'apartheid, a cui Ingrid aveva contribuito in modo decisivo nel caso palestinese, in questi ultimi anni è stato ripreso e rafforzato anche da diverse associazioni per i diritti umani.

Le prime a denunciarlo sono state due organizzazioni non governative israeliane che si occupano di documentare le violazioni dei diritti umani da parte di Israele nel territorio occupato: Yesh Din e B'Tselem. Nel 2020, Yesh Din ha parlato di apartheid limitato alla Cisgiordania, dove Israele applica due sistemi legali distinti: uno per i coloni israeliani, l'altro per i palestinesi. Nel 2021, B'Tselem ha pubblicato un report di forte impatto, accompagnato da un'iconica presentazione al Consiglio di sicurezza dell'ONU dell'allora direttore Hagai El-Ad, in cui ha affermato che Israele imponeva un regime di apartheid su tutti i palestinesi dalla riva al mare, cioè «dal

Giordano al Mediterraneo». Secondo B'Tselem, Israele controlla di fatto l'intero spazio tra il fiume Giordano e il mare, garantendo la supremazia degli ebrei israeliani a scapito dei palestinesi. Le politiche di apartheid individuate includevano: la frammentazione politica e territoriale dei palestinesi, l'accesso diseguale a terra e risorse, la restrizione dei movimenti e un sistema legale discriminatorio, fondato su leggi d'emergenza, ordini militari e normative come la legge del 2018, che riconosce il diritto all'autodeterminazione «solo al popolo ebraico».

Nel 2021, Human Rights Watch ha rafforzato queste analisi in un rapporto dettagliato, definendo l'apartheid israeliano un sistema istituzionalizzato di dominio e oppressione. HRW ha concluso che Israele non stava solo commettendo il crimine di apartheid, ma anche quello di persecuzione, ossia la privazione sistematica e intenzionale dei diritti fondamentali di un gruppo. «Le autorità israeliane privilegiano metodicamente gli ebrei israeliani e reprimono i palestinesi», con l'obiettivo dichiarato di mantenere un controllo demografico, politico e territoriale.

Nel 2022, Amnesty International ha confermato che Israele pratica l'apartheid sia nel territorio occupato sia all'interno dei suoi confini, aggiungendo che il sistema coinvolge anche i rifugiati palestinesi, esclusi dal diritto al ritorno, il principio secondo cui tutti i rifugiati palestinesi hanno diritto a rientrare nelle proprietà che essi stessi o i loro antenati sono stati costretti dagli israeliani a lasciare nel 1948 e nel 1967. Nel suo report, Amnesty indica in modo esplicito «alle autorità israeliane e agli altri soggetti coinvolti di smantellare il sistema di apartheid nei confronti dei palestinesi e porre fine alle relative violazioni dei diritti umani».

Ma allora, Israele è o non è uno Stato di apartheid? Certo che lo è: ai sensi della legge internazionale, è un sistema creato per mantenere la supremazia di un gruppo razziale su un altro tramite pratiche discriminatorie e oppressive. Anche se storicamente si pensa subito al regime sudafricano, la Convenzione internazionale sull'apartheid lo classifica come un crimine contro l'umanità che qualunque Stato può commettere, a mezzo di gesti inumani – come deportazioni forzate, arresti illegali, torture e restrizioni alla libertà di movimento – messi in atto per opprimere sistematicamente un gruppo razziale, tenendolo sotto controllo a favore di un altro. Anche lo Statuto di Roma iscrive l'apartheid tra i crimini contro l'umanità, in quanto atti commessi «nell'ambito di un esteso o sistematico attacco contro popolazioni civili».

Non è solo questione di discriminazione, ma di negazione dei diritti fondamentali, di separazione delle persone su basi razziali e territoriali, e di utilizzo di misure coercitive per tenere il gruppo oppresso in una posizione di svantaggio e isolamento.

Quindi, ampliando la prospettiva oltre il caso del Sudafrica, la caratteristica dell'apartheid è il dato oggettivo di una segregazione istituzionalizzata che ha come obiettivo la dominazione di un gruppo su un altro: qualcosa che, a ben guardare, è anche la colonna portante del colonialismo, soprattutto il colonialismo di insediamento.

Chi se la sentirebbe di dire che la Francia in Algeria o il Belgio di re Leopoldo in Congo non praticassero un regime di apartheid? L'apartheid può esistere – e certamente esiste – anche in contesti di colonialismo diversi e molto più ampi di quelli a cui siamo abituati ad associare questo termine.

Solo pochi anni fa, anche quando sono diventata Relatrice speciale delle Nazioni Unite, nel 2022, parlare di apartheid in relazione a Israele sembrava impossibile, tanto che negli ambienti della diplomazia internazionale qualcuno si limitava a sussurrare «*the A-word*», come se «apartheid» fosse una parolaccia. Oggi questa consapevolezza è già molto più diffusa e sono certa che tra qualche anno la parola «apartheid» sarà automaticamente associata allo Stato di Israele, come è successo in passato per il Sudafrica, che quello stigma se lo porta ancora dietro a trent'anni di distanza dal suo abbattimento, a mezzo di un lungo e doloroso processo di riconciliazione.

***

Nel caso di Israele, tra le tante violazioni si devono annoverare le centinaia di migliaia di vite spezzate, uccise, menomate nel corpo e nell'anima, e una Gaza distrutta. Il genocidio in corso dal 2023 non potrà essere cancellato dalla storia dello Stato di Israele, e sospetto che in futuro tutto il mondo proverà un brivido quando vedrà la bandiera israeliana, per ciò che è stato fatto in suo nome e sotto la sua egida.

Oggi viviamo questa realtà senza averne piena coscienza, poiché l'essere umano ha bisogno di tempo per riflettere e osservare da lontano. Però non bisogna dimenticare che più questo tempo si prolunga, più persone innocenti moriranno; ecco perché è fondamentale continuare a spiegare ciò che abbiamo di fronte e sostenere il movimento di reazione necessario a contrastarlo.

Anche semplicemente informarsi e promuovere la conoscenza rappresenta un contributo importante per abbattere l'apartheid.

Certo, nel caso del Sudafrica non esistevano pressioni paragonabili a quelle che ai giorni nostri sostengono lo Stato di Israele e che provengono da fonti molteplici e variegate. Qui non si tratta solo di una parte consistente dell'amministrazione israeliana, ma anche del vasto network che è stato costruito in tutto il mondo occidentale e oltre, attraverso ambasciate iperattive e raffinate tecniche di comunicazione che promuovono il marchio «Israele, unica democrazia del Medio Oriente», «Israele, start-up nation». Una nuova narrazione che ha sostituito gli slogan in voga ai tempi di Golda Meir: «Uno Stato che ha fatto fiorire il deserto» e «Un popolo senza terra per una terra senza un popolo».

A sostenere Israele sono oggi le élite politiche, culturali e finanziarie di vari Paesi, primi tra tutti gli Stati Uniti, grazie anche alle connivenze dell'apparato militare con la potente industria bellica americana (un libro molto interessante di Antony Loewenstein, *Laboratorio Palestina*, analizza approfonditamente questi aspetti).

Un'altra componente importante è rappresentata dagli ormai onnipresenti gruppi di cristiani sionisti, molto attivi soprattutto negli Stati Uniti. Basandosi su interpretazioni conservatrici della Bibbia, vedono nel «ritorno degli ebrei in Palestina» un adempimento delle profezie, e considerano il supporto a Israele parte integrante della loro fede, influenzando così in modo significativo la politica estera statunitense. Inoltre il sionismo cristiano è in forte espansione anche nella Maggioranza globale, o Sud globale, dove il proselitismo cristiano porta con sé, in maniera sempre più ubiqua, la bandiera israeliana.

Per far fronte a ostacoli tanto imponenti, il BDS ha dovuto organizzarsi in modo ben più strutturato rispetto al movimento contro l'apartheid sudafricano. All'interno del BDS, dunque, i palestinesi hanno dato vita al PACBI – Palestinian Campaign for the Academic and Cultural Boycott of Israel, che promuove il boicottaggio delle istituzioni accademiche e culturali israeliane complici o silenziose rispetto all'occupazione, all'apartheid e alla negazione dei diritti dei palestinesi – e a una capillare rete transnazionale di organizzazioni ed esperti che sostengono richieste specifiche di boicottaggio, sanzioni e disinvestimento, tessendo la tela della resistenza pacifica, strategica e attiva all'apartheid e alle sue logiche.

Qui entra in gioco il fattore economico, che mi porta a dire: se la Palestina fosse la scena di un crimine, ci sarebbero le impronte di tutti noi. Sono tantissime le compagnie, i fondi pensione, le banche, le fondazioni, le organizzazioni di svariati Paesi che continuano a investire nell'economia israeliana, e questo naturalmente è un fattore inestricabile rispetto all'occupazione. Mentre i settori forti dell'economia israeliana, come armamenti e sorveglianza, sono quelli più ovvi, è importante ricordare che qualsiasi investimento nell'economia israeliana può avere un'implicazione o una connessione con l'occupazione e lo sfruttamento dei palestinesi e delle loro risorse, e dunque diventare di fatto un gesto legato a una condotta criminale. Proprio come i pompelmi che Mary Manning si rifiutò di passare alla cassa di Dunnes quarant'anni fa.

Di fronte a una situazione come questa, che merita di essere denunciata senza mezzi termini e combattuta con tutte le nostre forze, l'invito del movimento BDS – che è pienamente in linea con il diritto internazionale – va sostenuto in ogni modo possibile: da ciò che si acquista a come si investe, da dove si va in vacanza a chi si vota, ciascuno di noi dovrebbe essere chiamato a fare delle scelte «apartheid-free». La giustizia per la Palestina comincia dai nostri passi.

E questa giustizia diventa ogni giorno più necessaria, visti i crimini di cui Israele continua a macchiarsi. I bianchi sudafricani non sono mai arrivati a un grado di violenza tale da voler annientare la totalità della popolazione nera; il loro obiettivo era segregare e dominare. Oggi, in Israele/Palestina, la realtà è completamente diversa. La denuncia e il superamento dell'apartheid, che potevano essere una grande opportunità di cambiamento, sono diventati invece un'occasione persa, soprattutto dopo gli eventi catastrofici successivi all'ottobre 2023.

***

A fine marzo 2025, il mio amico ed ex collega Lex Takkenberg, con cui ho lavorato al libro sulla storia e la legislazione riguardanti i rifugiati palestinesi, mi ha scritto: «In questi giorni ci vorrebbe proprio Ingrid. Mi manca parlare con lei, discutere, capire».

Ingrid era una costante fonte di ispirazione e positività. Durante i miei viaggi a Betlemme, nel periodo in cui ho insegnato all'università locale, mi è capitato diverse volte di incontrarla, e anche di andarla a trovare nella bella casa di pietra coperta di fiori rampicanti dove viveva con il marito, in una zona quieta, lontana dal brusio di Betlemme e della basilica della Natività, la chiesa che è stata costruita intorno alla grotta in cui sarebbe nato Gesù.

L'ultima volta che l'ho vista, nel 2019, ci eravamo date appuntamento proprio lì, fondamentalmente perché arrivare a casa di Ingrid, col mio arabo ormai penoso, sarebbe stato un incubo per me e per il malcapitato tassista.

Le pareti di pietra della grotta della Natività, ricoperte di candele tremolanti, creano un ambiente intimo e mistico; e, sebbene non sentissi un particolare richiamo religioso, di fronte alla stella d'argento che segna il presunto luogo di nascita di Gesù non ho potuto fare a meno di provare un profondo rispetto per la sacralità di quel posto, e per la storia e le speranze di tanti che lo venerano.

È stato un incontro brevissimo: Ingrid era richiamata da impegni altrove. Un peccato, perché stavo attraversando un periodo delicato e sentivo il bisogno di essere rassicurata da qualcuno per cui provassi fiducia e rispetto. Io e Lex avevamo appena concluso il nostro libro e avevamo lanciato una consultazione coinvolgendo la società civile palestinese, alcuni studiosi e attivisti israeliani ed esperti internazionali riguardo alle *durable solutions* per i rifugiati palestinesi che proponevamo nel capitolo finale.

Ai sensi del diritto internazionale, affermavamo che i palestinesi hanno diritto al ritorno, alla compensazione e all'autodeterminazione, ma affermavamo inoltre che chiunque – dai campi profughi in Libano, Siria o Giordania, o dall'Egitto e da altre parti del mondo dove i palestinesi vivono da apolidi – desideri trasferirsi altrove e fare domanda di cittadinanza dovrebbe poter accedere a opportunità di *resettlement*, trasferimento legale.

Quest'ultima proposta, però, destava sospetto in molti palestinesi, alcuni mi accusavano persino di promuovere un'agenda «pro-israeliana» e di voler minacciare il diritto al ritorno.

Sapevo che Ingrid aveva compreso le mie intenzioni, quando parlavo di una politica dei diritti contro la «politica del dolore» di chi vuole tenere a tutti i costi i rifugiati nei campi, in attesa che per i palestinesi venga onorato un diritto al ritorno che intanto, nei settantasette anni che sono trascorsi dalla Nakba, non si è avvicinato di un millimetro.

Ma quei pensieri, quel giorno, me li tenni per me e, salutata Ingrid, me ne andai a cercare un po' di silenzio in chiesa. Una chiesa costruita in ricordo di un palestinese nato duemila anni fa, che doveva necessariamente essere scuro di pelle, perché ancora – salvo rarissime eccezioni – i popoli di persone bionde con la carnagione chiara non erano arrivati da quelle parti; una chiesa dove, durante la seconda intifada, i ragazzi della resistenza palestinese si erano andati a rifugiare per evitare di essere assediati e colpiti, ovviamente, senza riuscirci.

Ogni volta che vedo la basilica della Natività non posso non pensare alla nascita e alla morte di quel ragazzo e alla sua crocifissione, che oggi mi sembra di rivedere nella distruzione del suo popolo, che ha provato a resistere, ma sta soccombendo. Se facciamo l'esercizio di vedere questo popolo organicamente, come un corpo che ha resistito con tutte le sue forze, che ha sacrificato se stesso per difendere la propria gente, forse cambia la prospettiva anche nei confronti della resistenza palestinese all'occupazione israeliana.

Capire la resistenza non significa, ovviamente, giustificare la violenza verso i civili israeliani, ma permette di comprendere che questa nasce innanzitutto in risposta alla distruzione di un popolo che ora sta arrivando alla sua fase finale.

In Palestina oggi sostanzialmente spazio per la resistenza non ce n'è più, alcuni combattono di qua e di là ma non ce la fanno: non hanno armi per affrontare l'esercito più imponente del Medio Oriente, sostenuto dalla potenza militare più forte al mondo. Molti non hanno più la forza di reagire; non riescono a rialzarsi, se combattere significa sferrare pugni. Non è una lotta alla pari, e nelle lotte impari chi non ha mezzi si difende come può.

Non siamo più nell'era dei partigiani italiani o della decolonizzazione dopo la Seconda guerra mondiale, quando la resistenza era vista come qualcosa di eroico; oggi abbiamo dimenticato che Nelson Mandela è entrato in carcere per scontare quasi trent'anni di detenzione proprio con l'accusa di terrorismo, e che solo nel 2008 gli Stati Uniti hanno tolto il suo nome dalla lista nera dei terroristi. Abbiamo dimenticato che agli occhi dei nazisti i partigiani italiani erano terroristi, e che all'interno di un meccanismo tra oppressore e oppresso ogni persona può essere vista come un terrorista da alcuni e come un eroe da altri.

La resistenza purtroppo a volte è anche violenza, e di solito è tanto più violenta quanto più violenta è l'oppressione. In questo momento i palestinesi sono disperati. Se ogni popolo è come un corpo, il corpo palestinese è stato preso tante volte a cinghiate, per tantissimo tempo, e oggi ancora di più.

Ero bambina ai tempi della prima intifada del 1987, ma non potrò mai dimenticare le immagini che vedevo passare in tv stretta sul divano tra mio fratello e mia mamma, con le camionette della polizia che prendevano i ragazzi che tiravano le pietre e li bendavano. C'era questo ragazzo con la maglia verde, la testa riccioluta e gli occhi coperti, ricordo i soldati che gli tenevano il braccio e gli spezzavano le ossa a sassate. Ricordo i palestinesi seduti a terra, aggrediti dai cani... Quanti anni sono che i palestinesi soffrono così, e quanto stanno soffrendo adesso, ora che la crudeltà sta esondando da qualsiasi argine si potesse concepire?

In questa strana primavera 2025 mi è difficile immaginare il futuro. Mi è quasi impossibile immaginarmi Gaza ricostruita se non come un grande monumento commemorativo del genocidio, ma questo non significa che vedo la fine del popolo palestinese: i palestinesi risorgeranno, però adesso gli israeliani stanno straziando il corpo di questo popolo oppresso, proprio come hanno fatto i politici romani duemila anni fa con il corpo di quel ragazzo. E noi siamo chiamati a chiederci se vogliamo far parte della schiera di chi se ne lava le mani: di quelli che, parafrasando Pessoa, saranno condannati a soffrire per le ferite delle battaglie che non hanno combattuto.

Al di là del mio inveterato anticlericalismo, penso che

Gesù fosse un rivoluzionario dell'amore, uno che non aveva paura di andare nel Tempio a fare un'*ammuìna* incredibile, come diciamo dalle mie parti. Era consapevole di portare con sé una verità più elevata, più umana e salvifica di quella proclamata dai sapienti del suo tempo. Gli uomini del Tempio. Lui non si limitava a fare la rivoluzione, lui *era* la rivoluzione, con tutto se stesso e in ogni atto della sua vita, senza normalizzare un bel niente: è quello che dobbiamo fare anche noi.

O ci impegniamo a *essere* la rivoluzione oppure falliremo, perché nessun cambiamento può avvenire nel mondo se prima non avviene dentro di noi. Dobbiamo spogliarci, un preconcetto alla volta, di tutto il bagaglio che ciascuno di noi si porta dietro per andare ogni giorno di più incontro alla verità.

***

Anche Ingrid Jaradat Gassner è stata una rivoluzionaria infaticabile e silenziosa. La sua rivoluzione si è espressa nel modo in cui ha usato il sistema normativo internazionale come una scatola di Lego, vedendo tutti i pezzi del sistema giuridico a disposizione, smontandoli e rimettendoli insieme per rafforzare i diritti e garantire protezione. Spiegando come il framework dell'apartheid si applichi alla Palestina, Ingrid ha svelato a tutti noi quello che i nostri occhi ancora non potevano vedere. Anche qui è importante fare l'esercizio di considerare sempre il popolo palestinese in modo organico, come un unico corpo. Per questo non si deve dimenticare che pure i rifugiati che si trovano fuori dalla loro terra sono comunque vittime dell'apartheid che li controlla con altri strumenti, per esempio impedendo loro di rientrare.

I rifugiati sono parte integrante della questione palestinese: contribuendo a creare il centro di ricerca BADIL, Ingrid ha aiutato a fare un immenso lavoro di mappatura dei rifugiati, di analisi dei dati, di raccomandazioni.

Infine, il suo ultimo progetto «in difesa dei difensori» si è occupato di offrire assistenza legale pro bono a chiunque si ritrovi vittima di attacchi in base alla strumentalizzazione dell'antisemitismo – usato da Israele come scudo contro ogni critica –, tra cui moltissime persone del BDS che venivano criminalizzate solo per aver detto la verità e chiesto l'applicazione del diritto internazionale. Uno strumento, quindi, per proteggere e difendere chi a sua volta difende la causa del popolo palestinese.

Ingrid si è spenta il 16 novembre 2023. Io non sapevo neanche che fosse malata.

Mi è dispiaciuto moltissimo che una donna come lei – una vera rivoluzionaria, attivista, intellettuale, combattente altruista e intelligente, capace di lavorare dietro le quinte, portando la sua visione senza nessuna mania di protagonismo – se ne fosse andata senza che avessi avuto modo di rivederla. Mi avrebbe fatto piacere poterla salutare e ringraziarla per gli insegnamenti che ha dato a me e a tutti noi.

Qualcuno sostiene che la conoscenza non sia un processo di acquisizione ma di progressivo disvelamento, di liberazione dai preconcetti. Nel mio percorso di comprensione della questione palestinese, lei è stata certamente una delle figure a cui sono davvero grata per aver contribuito ad aprirmi gli occhi e vedere con più chiarezza. Ne parlavo una volta con Omar Barghouti, uno dei cofondatori del BDS. Dopo aver espresso la sua stima nei miei confronti, Omar mi ha detto chiaro e tondo: «Non credere di essere esente anche tu da una parte di *racial bias*!».

«Lo so» gli ho risposto. «E sì, l'ho rimosso. Anzi, lo sto rimuovendo poco alla volta, come se pelassi via gli strati di una cipolla.»

È proprio per questo che l'eredità culturale che Ingrid Jaradat Gassner ci lascia non smette di essere preziosa – anzi, cruciale – per pelare via gli strati di ignoranza e di preconcetti che inevitabilmente, inconsapevolmente, portiamo addosso e che appesantiscono la nostra comprensione della realtà.

Tra le sue lezioni più importanti c'è un concetto fondamentale: quando un popolo subisce un'oppressione merita un supporto totale, incondizionato e di principio. Bisogna sapere ascoltare, bisogna veramente guardare chi abbiamo di fronte, avere una visione «orizzontale» della co-resistenza ed evitare ogni forma di atteggiamento paternalistico nei confronti dell'altro.

Spesso si parla dei palestinesi come se andassero instradati, disciplinati: mentre invece vanno solo supportati. È esattamente quello che ha fatto Ingrid, legando sempre il movimento al diritto e a una vera e propria filosofia, che come tale dev'essere rigorosa e in certi casi perfino rigida.

Un esempio eclatante potrebbe essere il caso di *No Other Land*, un bellissimo documentario che dal BDS è stato visto per certi versi come un'attività di normalizzazione, e dunque criticato. Io non capivo quale fosse il problema. Tanta gente, come me, avrà pensato: "Ragazzi, ma veramente dovete andare a fare il pelo a un progetto come *No Other Land*?".

Ma loro controbattevano: «Attenti, perché questa è la forma più insidiosa di normalizzazione».

Adesso che vedo il problema, riconosco anch'io il pericolo. Non mi sfugge il fatto che, nel momento in cui hanno ricevuto l'Oscar, Yuval Abraham, che stimo fino all'inverosimile, avrebbe potuto dire: «Sono qua a supporto del mio amico e fratello Basel, con cui si sta lottando contro il genocidio, l'occupazione e l'apartheid, e lascio la parola a lui».

Invece, quando si è trovato sul palco degli Oscar, ha messo in qualche modo tutto sullo stesso piano: «L'atroce distruzione di Gaza e della sua gente, che deve finire, gli ostaggi israeliani brutalmente presi nel crimine del

7 ottobre, che devono essere liberati...». Certo, quello che ha detto Yuval è tutto vero. La distruzione di Gaza deve finire e gli ostaggi devono tornare a casa. Tutti gli ostaggi, però: quelli israeliani e quelli palestinesi. Sono migliaia, inclusi centinaia di bambini, a languire nelle carceri israeliane, maltrattati e spesso torturati fino all'inverosimile. È come se Yuval, che umanamente capisco perché la sua vita in Israele è diventata un inferno, avesse preso quell'attenzione e l'avesse portata su di sé e sugli israeliani proprio nel momento in cui invece avrebbe dovuto farsi da parte. Ma mi sono serviti tempo e spiegazioni per capire le sottigliezze della normalizzazione. Che è spesso inconscia, involontaria. Ma se ti schieri contro l'idea di suprematismo, devi riuscire a mettere del tutto da parte te stesso: è un passaggio indispensabile ed è proprio per questo – per aver conciliato le sue attività pratiche, come la più recente «in difesa dei difensori», con quelle legate alla conoscenza – che considero epocale il lavoro del BDS e l'apporto che Ingrid ha dato.

Qualcosa che deve continuare a farci riflettere e che non dobbiamo dimenticare mai.

***

Le parole giuste sono molto importanti come preludio e preparazione alle giuste azioni. Dunque nel 2017 per me non è stato assolutamente un esercizio di pura giurisprudenza teorica comprendere quanto la definizione di apartheid fosse appropriata alla situazione in corso in Palestina, e non lo è oggi riconoscere la necessità di adottare la parola «genocidio» per definire tutto ciò che si stava già preparando da tempo e che si è scatenato in modo più eclatante dalla fine del 2023.

Vedere, capire, inquadrare nei framework corretti le situazioni a cui assistiamo, sono passaggi essenziali per prepararsi all'azione. Specialmente di fronte a chi sta usando le parole come potenti armi mediatiche a supporto di un massacro.

Nel mio quarto report alle Nazioni Unite, che ho voluto intitolare «Anatomia di un genocidio», ho denunciato il fatto che Israele stesse attuando un vero e proprio *humanitarian camouflage*: una mimetizzazione pseudo-umanitaria delle sue violazioni sistematiche e predominanti del diritto. In questo modo, Israele ha ribaltato i fondamenti del diritto umanitario internazionale, dando al mondo la percezione che sia legittimo colpire i civili, considerandoli scudi umani o danni collaterali.

Quando Israele utilizza palestinesi come scudi umani per entrare nelle case, oppure preleva detenuti dalle carceri per usarli durante gli assalti, quello è letteralmente *human shielding*: un concetto ben definito ed esplicitamente vietato dal diritto internazionale. Ed è proprio questo il ribaltamento.

Israele tende a parlare di «ordini di evacuazione», «zone protette», ma il linguaggio del diritto umanitario internazionale è stato rovesciato, utilizzato all'inverso per giustificare la propria condotta militare e i propri crimini di guerra, cancellando i principi fondamentali della disciplina e della protezione in tempo di conflitti armati: distinzione tra civili e militari, necessità militare, proporzionalità.

A ben guardare, non è forse *humanitarian camouflage* ciò che Israele ha sempre praticato nel territorio palestinese occupato, gettando fumo negli occhi della comunità internazionale, che glielo ha lasciato fare? Perché tutti noi coinvolti, a vario titolo, in Palestina – operatori umanitari, diplomatici, funzionari internazionali, esperti del settore – siamo stati più che preoccupati di denunciare l'oppressione totale e progressiva dei palestinesi, ossessionati dall'idea di non turbare la sensibilità di Israele?

Questo atteggiamento ha permesso che i progetti politici israeliani, che miravano a espandersi su ciò che restava della Palestina storica già ben prima del 1967, avanzassero mascherati da legalità, nascosti dietro la facciata del diritto bellico, mentre gettavano i semi di condotte che oggi appaiono in tutto e per tutto come i segni precursori di un genocidio.

La volontà, soprattutto occidentale, di mantenere una narrazione «neutra» e priva di conflitti di fatto ha perpetuato l'ingiustizia e la sofferenza, ignorando ciò che i palestinesi da sempre dicono e chiedono.

Quando vivevo in Palestina, sentivo dentro di me questa incongruenza profonda, e una delle cose che mi facevano più soffrire era avere la percezione che anche le Nazioni Unite, il settore dello sviluppo e quello umanitario fossero parte integrante di quel soffitto di vetro che impediva ai palestinesi di avanzare.

Il discrimine si osserva sempre nei fatti. Perché la corretta cognizione di una situazione e la corretta scelta delle parole che usiamo per descriverla sono senz'altro un elemento indispensabile per poter abbattere l'apartheid e fermare il genocidio del popolo palestinese. Però, come sempre, le parole di per sé non possono bastare e devono essere tradotte in atti; altrimenti ogni discorso risulterà vano e non potrà cambiare di una virgola l'atrocità di ciò che sta accadendo.

Un'altra cosa che è successa proprio in questi giorni, mentre scrivo, è che ho partecipato a una riunione con un'alta carica di uno dei governi europei più vicini alla Palestina: una riunione da cui sono uscita con una tale rabbia da farmi piangere per la frustrazione appena ho chiuso la chiamata.

Mi sono ritrovata a discutere con questo funzionario dello Stato, cercando di capire quali azioni concrete il governo che rappresenta avesse portato avanti per contrastare l'ingiustizia delle colonie e facilitarne lo smantellamento. Quando ho chiesto: «Che state facendo per questo?», lui mi ha risposto quasi stizzito: «Dai, ora vieni a criticare proprio noi? Non siamo i peggiori d'Europa».

Gli ho fatto notare che il loro Paese investe nel territorio occupato più di ogni altro, ma lui ha alzato le spalle. «Che vuoi che facciamo, che boicottiamo Israele?»

Quando ho insistito sul fatto che potrebbero almeno evitare di usare i loro profitti per peggiorare la situazione, mi ha detto chiaro e tondo che non ero né diplomatica né costruttiva, e che non mi rendo conto di quanto loro si stiano impegnando nel sostenere l'Autorità nazionale palestinese, con l'obiettivo di aiutarla a cacciare Hamas dalla Striscia.

«Ma questi non sono affari vostri» gli ho detto, con voce calma e scandendo ogni sillaba. «Non spetta a voi scegliere chi deve governare in Palestina. Voi dovete soltanto occuparvi di dare un contributo utile per far finire l'occupazione, affinché resti qualcosa, della Palestina.» Questo richiede il diritto internazionale.

Eppure, almeno su un punto, aveva ragione: è vero che in certe cose non sono per niente costruttiva. No, non sono costruttiva quando parlo con certi politici che hanno bisogno di raccontarsi le loro menzogne. Non sono brava a portare le ferite di battaglie non combattute, per dirla ancora con Pessoa. Però almeno non sto distruggendo la vita dei palestinesi e spero che un giorno potrò concludere la mia, di vita, pensando che ho fatto di tutto perché fossero salvati. Sto facendo e continuerò a fare quanto è in mio potere, andando avanti a imparare e pelando via gli strati «della mia cipolla» con l'aiuto delle persone che mi possono insegnare, come ha fatto Ingrid, che resterà sempre una maestra per me.

Queste sono le parole incise sulla sua tomba, vicino a Betlemme: «Ti promettiamo di sorridere ogni volta che possiamo, come hai fatto tu; di andare avanti a tutti i costi, lottando, riflettendo, difendendo la speranza a dispetto del dolore, cadendo, rialzandoci, cambiando strada, riprendendo la lotta e infine conquistando la nostra liberazione!».

E nel sogno della liberazione della Palestina, oggi c'è un po' della liberazione di tutte e tutti noi.

Ghassan

Fino a che punto può arrivare la crudeltà di un genocidio?

> La macchina della propaganda si era già attivata in favore della «lotta al terrorismo», sostenendo con gran disinvoltura la necessità di fare giustizia e difendere i diritti umani senza badare tanto al fatto che la guerra è essa stessa terrorismo legittimato, ingiustizia assoluta, violazione irrimediabile di ogni diritto.
>
> GINO STRADA, a proposito dell'intervento di Emergency in Afghanistan nel 2001

Alcuni pensano che in Palestina le parti di questo cosiddetto «conflitto» siano due.

Altri invece ritengono che non sia proprio così e, se questa storia si potesse rappresentare sul palco di una tragedia greca, i soggetti principali coinvolti sarebbero almeno tre: i palestinesi, gli israeliani e l'imperialismo occidentale, quest'ultimo supportato da un coro composto dal vassallaggio e dall'egoismo oligarchico di diversi governi arabi.

«Questa "guerra"» sostiene Ghassan Abu Sitta, medico chirurgo naturalizzato britannico, «ha dimostrato che il legame tra l'imperialismo occidentale e Israele è un continuum senza interruzione. Israele è parte integrante del progetto imperialista occidentale in quell'area: una colonia legata all'Occidente, come tutte le colonie dei secoli scorsi.»

Ghassan Abu Sitta ha trascorso diverse settimane a Gaza, dopo l'assalto lanciato da Israele in nome del diritto alla vendetta contro il popolo ritenuto interamente colpevole del sanguinoso assalto del 7 ottobre. E ha portato il suo contributo negli ospedali di Gaza fino a quando gli è stato materialmente possibile operare. Poi, con enormi difficoltà, è rientrato. «Quando sono uscito da Gaza [nel novembre 2023, NdR] e sono arrivato nel Regno Unito, ho capito che il progetto genocida era come un iceberg. Israele è solo la punta visibile, ma il resto dell'iceberg – che da Gaza non si vede così chiaramente – è l'intero apparato che rende possibile il genocidio: la BBC, la CNN, il "Washington Post", il "Wall Street Journal", le organizzazioni che lo sostengono.»

Da quando, nel marzo 2024, Ghassan è stato eletto rettore dell'Università di Glasgow, intorno a lui è successo di tutto.

Per cominciare, il gruppo filoisraeliano UK Lawyers for Israel ha presentato una denuncia contro di lui, accusandolo di essere «non idoneo» a esercitare la professione medica a causa di presunti post sui social; da qui, la richiesta di sospensione della sua licenza medica presentata dal General Medical Council, respinta dal tribunale delle ordinanze provvisorie, per mancanza di prove concrete e traduzioni inaffidabili dei post, accogliendo il punto di vista della difesa, che aveva evidenziato come queste accuse fossero in realtà motivazioni politiche travestite da preoccupazioni etiche, tese a colpire la sua credibilità pubblica e a limitare la libertà di espressione.

Alcuni giornalisti della BBC gli hanno poi riferito che l'emittente lo ha inserito in una lista di palestinesi che non è più possibile intervistare e, sempre nella primavera del 2024, gli è stato impedito l'ingresso in Francia, Olanda e Germania, dove avrebbe dovuto tenere delle conferenze, poiché è stato bandito dalle autorità tedesche dall'intera area Schengen, manovra successivamente dichiarata illegittima dal tribunale amministrativo di Potsdam.

«Intanto» fa notare Ghassan, «la Germania decuplica le sue forniture di armi, mentre l'aviazione britannica si fa carico dello spionaggio elettronico sorvolando Gaza con i suoi aerei. E l'aviazione italiana rifornisce gli F-35 israeliani che si preparano a bombardare anche Sana'a. Tutto questo dimostra che il problema palestinese non è una questione di malintesi. Il problema è che le potenze occidentali si avvalgono di Israele come di uno strumento con cui proteggere i loro interessi nella regione. Ma queste élite politiche occidentali dovranno fare i conti con il fatto che l'opinione pubblica sta cambiando. Per osservare questo cambiamento, basta misurare il livello di oppressione che si sta verificando proprio in Occidente: negli Stati Uniti sono stati arrestati migliaia di studenti universitari. Nel Regno Unito vengono arrestati perfino i sopravvissuti all'Olocausto e gli organizzatori delle manifestazioni contro la guerra. In Germania la brutalità della polizia contro i manifestanti è diventata sistematica.»

Appena rientrato nel Regno Unito, Ghassan ha deciso di collaborare con Scotland Yard, fornendo la sua testimonianza sui crimini di guerra che accusa Israele di aver commesso. Definendo la situazione attuale un'ondata di distruzione senza precedenti rispetto alle guerre degli anni scorsi, il medico ha affermato che gli attacchi di quest'ultimo anno e mezzo costituiscono «un vero e proprio tsunami di violenza». Per esempio, ha riferito di aver visto ferite certamente provocate dall'uso di fosforo bianco, ferite che gli erano familiari, avendole già medicate durante la guerra di Gaza del 2009. «L'uso di fosforo bianco è proibito dal diritto internazionale. Io ho riconosciuto subito quelle ustioni: le avevo già trattate nel 2009.»

***

Una sera, a Londra, mi sono trovata al fianco di Ghassan durante una conferenza alla London School of Hygiene and Tropical Medicine e ho potuto ascoltare dalla sua viva voce i terrificanti racconti, che mi tolgono il sonno da mesi.

Nel corso della permanenza negli ospedali al-Shifa e

al-Ahli, dove operava le vittime dei bombardamenti israeliani, Ghassan ha eseguito fino a dodici interventi al giorno, molti dei quali su bambini; inclusa una triste notte in cui ha dovuto effettuare sei amputazioni su minori. Secondo le sue stime, nei primi mesi dall'inizio del conflitto a Gaza circa novecento bambini hanno subito amputazioni. «Quando inizi a operare sui minori, sai che quel bambino dovrà sottoporsi ad almeno altre dieci o quindici operazioni da qui all'età adulta» ci ha raccontato quella sera. Chi lo farà? Dove verranno eseguite queste operazioni, se oggi del sistema sanitario a Gaza non rimane niente? Cosa ne sarà del futuro di quei bambini, ammesso che riescano a sopravvivere?

La motivazione con cui Israele ha giustificato i bombardamenti sugli ospedali si basa sulla presunta affermazione che quello di al-Shifa fosse un centro operativo di Hamas, cosa che Ghassan quella sera ha smentito categoricamente. «Negli ospedali ho visto solo feriti e morti. Di Hamas, neanche l'ombra.» Questo è risaputo anche presso operatori e media, e lo stesso esercito israeliano è stato incapace di fornire uno straccio di prova che non apparisse fabbricata ad arte. Per esempio, un'immagine diffusa dalle cosiddette Forze di difesa israeliane – che in realtà andrebbero chiamate più correttamente forze di occupazione israeliane – mostrava un ufficiale israeliano indicare un foglio affisso al muro dell'ospedale, che era stato presentato come un piano operativo di Hamas; ma successivamente si è scoperto che si trattava semplicemente della pianificazione dei turni del personale ospedaliero.

Lo dimostrano anche le immagini che Ghassan ha raccolto – e che i media hanno giudicato troppo crude per essere trasmesse al pubblico –, che non mostrano altro che corridoi sovraffollati di gente che urla disperata, arti mutilati, corpi carbonizzati.

«Quando gli israeliani hanno assediato l'ospedale al-Shifa» ci ha raccontato, «io ero bloccato ad al-Ahli, che era diventato l'unico ospedale funzionante a Gaza, nonostante avesse già subito grossi danni. In altri ospedali a Gaza Sud ho visto i miei colleghi seduti senza poter fare nulla, perché non c'era energia per far funzionare l'ospedale e le sale operatorie. Almeno ad al-Ahli erano ancora attive due sale operatorie e una macchina per i raggi X, anche se non potevamo più usare la TAC. Oltre a me, c'erano un chirurgo ortopedico e un paio di altri chirurghi generali; ma i raid aerei erano così mostruosi, e il numero di pazienti in arrivo era tale, da forzarci a operare ininterrottamente per ventidue ore. A quel punto, però, abbiamo finito tutto. Alle cinque del mattino l'anestesista è uscito dalla sala operatoria e ha annunciato: "Basta, non c'è niente, non c'è propofol, non c'è ossigeno, non c'è niente con cui io possa sedare le persone". Anche l'ospedale al-Ahli si è dovuto fermare. Non avevamo farmaci da somministrare ed è stato in quel momento che mi sono reso conto che il problema più grave non era la carenza di medici; il problema era che il sistema sanitario si stava progressivamente svuotando delle sue possibilità, al punto che in realtà i medici erano addirittura in eccesso, rispetto al contesto. In quell'ultima notte in cui sono stato nel sud, i feriti venivano portati ad al-Ahli con carri trainati da asini, perché era finita la benzina per le ambulanze. Inoltre credo che oltre duecentocinquanta operatori sanitari in quel periodo siano stati arrestati dalle forze israeliane: alcuni di loro sono stati torturati e molte persone, probabilmente centinaia, sono ancora prigioniere nelle galere israeliane. Io stesso, probabilmente, ho evitato l'arresto solo perché a un certo punto mi sono trasferito da al-Shifa a sud, dove potevo ancora provare a fare qualcosa.»

Quello che ha continuato e continua a succedere a Gaza dall'autunno 2023 conferma le parole e le paure di Ghassan. Come ci si può rifiutare di accogliere la definizione di genocidio, di fronte all'orrore che ha investito Gaza? Chi potrebbe credere alla propaganda che prova a inquadrare un tale atroce sterminio come un «conflitto»? Era un «conflitto» quello con cui i coloni europei che hanno creato gli Stati Uniti hanno spazzato via a colpi di polvere da sparo e carestie centinaia di tribù native dell'America del Nord, massacrando un intero popolo e impalando in bella vista le teste dei capi tribù più amati per seminare il terrore nella gente e scoraggiare la resistenza?

Qualche tempo fa, sul «Guardian», ho letto la testimonianza del dottor Abu Ajwa, il quale, dopo essere stato arrestato dagli israeliani, ha raccontato che ai suoi torturatori veniva esplicitamente chiesto di spezzargli le mani affinché non potesse più operare; c'era poi la storia del dottor Adnan al-Bursh, primario del reparto di chirurgia ortopedica dell'ospedale al-Shifa e caro amico di Ghassan: è morto a cinquant'anni nell'aprile 2024, poco dopo l'arresto e il trasferimento nella prigione di Ofer, nella Cisgiordania occupata. Alcuni colleghi e compagni di prigionia hanno dichiarato che è morto a causa degli atti di violenza sessuale, che hanno portato al perforamento dell'intestino.

«Le torture e l'uccisione di quasi un migliaio di operatori sanitari sono una componente fondamentale della distruzione del sistema sanitario» ci ha spiegato Ghassan quella sera a Londra. «L'ospedale al-Shifa si può ricostruire in un paio d'anni, ma ce n'erano voluti dodici per formare un medico come Adnan al-Bursh. Considerando le principali specializzazioni di cui Gaza ha urgente bisogno, si può dire che dei cinque patologi presenti prima del 7 ottobre, solo due sono ancora in vita. A Gaza non esistono più medici abilitati a praticare la chirurgia d'urgenza. Tutti i nefrologi sono stati uccisi. Un ricercatore di biostatistica ha analizzato le uccisioni sistematiche intenzionali ed è emerso che a Gaza qualunque operatore sanitario ha una possibilità due volte e mezzo più alta di chiunque altro di essere preso di mira e ucciso dagli israeliani. Anche se ci sarà un cessate il fuoco e i palestinesi avranno una tregua dalle bombe, potete stare sicuri che il genocidio continuerà» ha proseguito Ghassan di fronte a una sala gremita di gente che lo ascoltava in religioso silenzio. «Perché grazie a questa strategia la gente continuerà comunque a morire, anche per condizioni che potevano benissimo essere curate.» Purtroppo, il tempo gli ha dato ragione. E a oggi sono più di mille gli operatori sanitari uccisi dal 7 ottobre 2023 a gennaio 2025, mentre oltre duecentocinquanta sono stati imprigionati.

«Il genocidio» ha concluso Ghassan «si riconosce chiaramente quando la distruzione si abbatte su tutto: presente, futuro e passato. Tutto quello che il popolo di Gaza è stato viene raso al suolo, cancellato.»

Accanto a Ghassan quella sera mi sentivo piena e vuota, nobile e insignificante. La forza delle nostre parole non avrebbe salvato nessuna vita umana, almeno non nell'immediato. Però il dibattito cambia, un giorno dopo l'altro. Basti pensare che chi ci ospitava quella sera, il direttore del «Lancet», appena dopo il 7 ottobre aveva così descritto Gaza: «Passeggiavo per strade dove le immagini dei "martiri", in divisa da combattimento e con le mitragliatrici incrociate sul petto, accompagnavano dall'alto dei muri i bambini diretti a scuola, o dove si vedevano uomini sfilare con il volto coperto e i fucili d'assalto in mano, senza che nessuno li fermasse. È in questo ambiente, creato da Hamas, che nascono le nuove generazioni di bambini a Gaza. Un ambiente che alimenta e diffonde il terrore». Ridurre Gaza a un «ambiente che alimenta e diffonde il terrore» è ingiusto e superficiale, e generalizzazioni come queste sono fuorvianti e pericolose. Che Hamas regnasse su Gaza con pugno di ferro è fuori di dubbio, e i palestinesi ne sono stati le prime vittime. Ma Hamas ha controllato Gaza per diciassette anni, con il beneplacito di Israele. Quanto alle immagini sui muri, molti non sanno che per i palestinesi la celebrazione dei «martiri», ovvero dei caduti in battaglia, in tenuta militare non rappresenta un'esaltazione della violenza in quanto tale, ma la volontà di onorare chi ha perso la vita per mano dell'occupazione e di ricordare alla comunità che bisogna supportare le famiglie delle innumerevoli vittime. Ma è vero che i bambini risentono dell'ambiente in cui crescono. Ed è per questo che, per anni e anni, organizzazioni per i diritti umani palestinesi e israeliane hanno implorato il mondo di fermare l'occupazione, l'annessione, l'apartheid.

Quanta arroganza nella postura di noi occidentali rispetto a culture e parole di cui non comprendiamo significato, radici ed essenza... Un'arroganza molto diffusa in tutti gli ambienti – dal giornalismo all'accademia, e chiaramente a moltissima parte della politica –, che ha contribuito a rendere invisibile l'umanità dei palestinesi, allontanando ancora di più la loro salvezza.

Per questo è fondamentale che il dibattito cambi, diffondendo parole utili per abbattere l'ignoranza propagando la conoscenza, e per continuare a porci le domande più importanti: cosa possiamo fare per fermare tutto questo? Fino a che punto si arriverà, mentre il mondo sembra dormire un sonno di pietra e non riesce a tenere gli occhi aperti di fronte a questa ferita grande quanto un intero popolo, questa ferita che nessuno sembra volersi preoccupare né di curare né di lenire?

Eyal

Come calcolare le condizioni che portano alla distruzione di un popolo?

> Il genocidio di un popolo porta al genocidio di un altro popolo: è un assioma confermato dai secoli e da generazioni di occupanti e occupati. Per un impero totalitario come quello che si va costruendo sotto i nostri occhi le spedizioni punitive sono la norma, l'essenza. Oggi sulla ghigliottina ci finisce Tizio, domani Caio, dopodomani tocca alla piccola Liana.
>
> ANNA POLITKOVSKAJA, *Per questo*

In teoria, ben prima di entrare nel merito delle opinioni politiche e personali, qualsiasi discussione rigorosa in relazione a cosa costituisca genocidio dovrebbe essere fondata su quello che stabilisce al riguardo il diritto internazionale.

Ecco, dunque, i primi cinque articoli della convenzione stipulata a New York dalle Nazioni Unite il 9 dicembre 1948, all'indomani dell'Olocausto che aveva portato alla morte di circa sei milioni di ebrei europei, più di duecentocinquantamila rom e sinti, trecentomila persone con disabilità.

Convenzione per la prevenzione e la repressione del delitto di genocidio

Le Alte Parti contraenti

considerando che l'Assemblea generale delle Nazioni Unite, nella risoluzione 96 (I) dell'11 dicembre 1946, ha dichiarato che il genocidio è un crimine di diritto internazionale, contrario allo spirito e ai fini delle Nazioni Unite e condannato dal mondo civile;

riconoscendo che il genocidio in tutte le epoche storiche ha inflitto gravi perdite all'umanità;

convinte che la cooperazione internazionale è necessaria per liberare l'umanità da un flagello così odioso;

convengono quanto segue:

Articolo 1
Le Parti contraenti confermano che il genocidio, sia che venga commesso in tempo di pace sia che venga commesso in tempo di guerra, è un crimine di diritto internazionale che esse si impegnano a prevenire ed a punire.

Articolo 2
Nella presente convenzione, per genocidio si intende ciascuno degli atti seguenti, commessi con l'intenzione

di distruggere, in tutto o in parte, un gruppo nazionale, etnico, razziale o religioso, come tale:

a. uccisione di membri del gruppo;
b. lesioni gravi all'integrità fisica o mentale di membri del gruppo;
c. il fatto di sottoporre deliberatamente il gruppo a condizioni di vita intese a provocare la sua distruzione fisica, totale o parziale;
d. misure miranti ad impedire nascite all'interno del gruppo;
e. trasferimento forzato di fanciulli da un gruppo ad un altro.

Articolo 3
Saranno puniti i seguenti atti:

a. il genocidio;
b. l'intesa mirante a commettere genocidio;
c. l'incitamento diretto e pubblico a commettere genocidio;
d. il tentativo di genocidio;
e. la complicità nel genocidio.

Articolo 4
Le persone che commettono il genocidio o uno degli atti elencati nell'articolo 3 saranno punite, sia che rivestano la qualità di governanti costituzionalmente re-

sponsabili o che siano funzionari pubblici o individui privati.

Articolo 5
Le Parti contraenti si impegnano ad emanare, in conformità alle loro rispettive Costituzioni, le leggi necessarie per dare attuazione alle disposizioni della presente convenzione, e in particolare a prevedere sanzioni penali efficaci per le persone colpevoli di genocidio o di uno degli altri atti elencati nell'articolo 3.

Questo testo e la consapevolezza dell'umanità che ne è fondamento dovrebbero costituire la base indispensabile per tutti, compreso chi nutre ancora qualche dubbio – o addirittura ritiene di avere argomenti da obiettare – verso l'idea che l'insieme delle azioni compiute dallo Stato di Israele nei confronti del popolo palestinese rientri a pieno titolo nella definizione di «delitto di genocidio».

La prima volta che ho sentito parlare di Eyal Weizman è stato nel 2017, mentre scrivevo insieme a Lex Takkenberg il libro *Palestinian Refugees in International Law*.

In quel periodo vivevo con la mia famiglia in Indonesia, ma trascorrevo lunghe settimane in Medio Oriente, soprattutto in Giordania e in Palestina, per fare ricerca d'archivio e parlare con persone che potessero aiutarmi a mettere insieme tutti gli elementi che stavo raccogliendo per ricostruire dal punto di vista giuridico quasi ottant'anni di esodo forzato dei palestinesi dalla loro patria. Pur trattandosi di un libro prettamente giuridico e tecnico, ci tenevo molto che non si perdesse la parte storica di ciò che è successo al popolo palestinese. Per me era fondamentale rendere chiaro ai lettori di quel testo come la politica avesse determinato certi risvolti anche giuridici: per esempio, in alcuni casi, nella *non* applicazione del diritto.

In questa ricerca di maggiore comprensione e di strumenti utili per me e per chi un giorno avrebbe letto quel testo, ho trascorso molti pomeriggi nello studio del dottor Anis Kassim, un grande avvocato e uomo di cultura che è stato per tanti anni, oltre che autore di importantissime analisi giuridiche concernenti la questione palestinese, il direttore di una pubblicazione scientifica di diritto internazionale, il *Palestine Yearbook of International Law*.

Il rito delle nostre sessioni era salutare tutti gli avvocati presenti in studio e prendere posto nelle varie poltroncine attorno al tavolo, mentre Anis Kassim spostava una montagna di volumi dalla sua scrivania piena di libri e fascicoli, faceva spazio, portava biscottini e tè e poi cominciava a parlare. Ho sempre adorato la sua voce calma, elegante, che mi guidava attraverso anfratti di storia di cui lui stesso era stato protagonista, come gli anni del processo di pace. È stato in una di queste conversazioni che mi ha chiesto: «Ma tu l'hai letto *Hollow Land*, di Eyal Weizman?».

Ho notato che qualcuno dei presenti ha corrucciato il viso a sentire quel nome, ma conoscendo ormai abbastanza il professor Kassim ero sicura che non avrebbe mai escluso dalle sue letture un autore solo perché israeliano. D'altronde era lui che qualche anno prima mi aveva raccomandato di leggere una serie di libri dello storico israeliano al quale anni dopo mi avrebbe legato un rapporto di amicizia e profonda stima, Avi Shlaim.

Quel pomeriggio il «dottor Anis» – così lo chiamiamo tutti, in segno di rispetto – mi ha parlato a lungo di *Hollow Land* – tradotto in italiano con il titolo *Spaziocidio. Israele e l'architettura come strumento di controllo* –, che ho letto poco dopo e che trovo anch'io un libro potente e necessario per comprendere quello che è successo in Palestina, a partire dal fatto che la distruzione sistematica, umana, politica di un popolo comincia innanzitutto dalla creazione di una terra di vuoto.

In qualità di fondatore e direttore del gruppo di ricerca Forensic Architecture, Eyal Weizman si è impegnato a rivelare le condizioni miserevoli imposte dall'occupazione israeliana attraverso l'analisi spaziale. Dal suo punto di vista di architetto forense – cioè un professionista che si avvale principalmente di strumenti dell'architettura e tecnologie digitali per ricostruire eventi passati legati a crimini, disastri o violazioni dei diritti umani –, in questo libro Eyal ripercorre la storia dell'occupazione israeliana in Palestina nei quarant'anni tra il 1967 e il 2007.

Questo sguardo, a sua volta molto tecnico, sulle vicende che sotto l'aspetto giuridico e storico credevo di conoscere piuttosto bene, mi ha fatto scoprire nuovi elementi di matrice specificamente geografica, ma declinati sul vissuto di un popolo e dunque sul dipanarsi della storia nella quotidianità delle persone. Tutto questo mi ha aiutato a illuminare dall'interno la mia comprensione della violenza in Palestina attraverso la frammentazione del diritto, che paradossalmente segue – anziché risolvere – quella geografica.

In *Hollow Land* appare evidente che Israele ha usato l'architettura e la geografia come strumenti di potere per consolidare il proprio controllo sul territorio palestinese occupato. Lo spazio urbano e il paesaggio sono stati modificati per favorire la dominazione militare e politica, e questo si riflette in moltissimi aspetti. Dal modo in cui le colonie israeliane in Cisgiordania sono state progettate strategicamente, affinché la colonizzazione creasse una frammentazione territoriale capace di ostacolare la continuità del territorio, alla gestione delle infrastrutture e della mobilità. Com'è possibile che tutto il sistema di strade, checkpoint e muri di separazione, che limitano sotto ogni aspetto da decenni la libertà di movimento dei palestinesi, continui invece a garantire un accesso sicuro e rapido ai coloni israeliani, sotto lo sguardo vigile e «neutrale» della comunità internazionale? E qual è lo scopo di tutto ciò?

Un concetto che per me è stato davvero cruciale nella lettura di *Hollow Land* è quello di «politica verticale»:

un uso pienamente tridimensionale dello spazio, che dimostra in maniera inequivocabile come l'occupazione israeliana non si limiti solo ai confini orizzontali, ma si rivolga anche al controllo dello spazio aereo, del sottosuolo – per esempio, attraverso tunnel e acquedotti – e dell'altezza degli edifici.

Grazie ai suoi studi, ai suoi molteplici interessi e a quella che avrei poi scoperto essere una personalità poliedrica, Eyal Weizman racconta tante cose, ma il succo del libro è come Israele sia riuscito a incastrare i palestinesi dal punto di vista politico anche avvalendosi di un caos geografico paradossalmente «strutturato» a loro svantaggio. Secondo lui, praticamente chiunque può essere complice di questo sistema (volontariamente o involontariamente), a meno che non ne prenda le distanze con grande rigore:

> L'organizzazione spaziale dei territori occupati è il risultato non solamente di un ordinato processo di pianificazione e attuazione ma anche, e sempre più, di un «caos strutturato», nel quale la selettiva – e spesso deliberata – assenza di intervento statale favorisce un processo deregolamentato di espropriazione violenta. I soggetti che operano all'interno di questa area di frontiera – i giovani coloni, l'esercito israeliano, la compagnia di telefonia cellulare e altre grandi aziende capitaliste, gli attivisti per i diritti umani e politici, la resistenza armata, gli esperti di questioni legali e umanitarie, i

> ministri del governo israeliano, i governi stranieri, le comunità di «supporto» all'estero, i pianificatori statali, i media, l'Alta corte di giustizia israeliana –, pur con obiettivi diversi e contraddittori, hanno tutti un ruolo nella diffusa e anarchica, per quanto collettiva, creazione e modificazione di questi spazi.

Una delle idee che ho trovato più brillanti nel suo testo è l'invito ad aprire gli occhi nei confronti del rischio del «paradosso umanitario», cioè la possibilità che gli interventi umanitari finiscano involontariamente per sostenere l'occupazione militare anziché contrastarla. Eyal Weizman crede infatti che intervenire per correggere le conseguenze di certe decisioni prese dalle forze occupanti potrebbe in qualche modo assolvere Israele dalle sue responsabilità anche legali, permettendo di dirottare risorse verso altri obiettivi e, allo stesso tempo, di rendere l'occupazione più «efficiente» e tollerabile agli occhi dell'opinione pubblica. Partendo da questo presupposto, si arriva al concetto che chiunque si trovi a operare, a qualsiasi titolo, in una situazione così grave debba rispettare la propria integrità anche ben oltre i confini della professione che è chiamato a svolgere in un determinato contesto. Per esempio, come ha detto Rony Brauman di Médecins Sans Frontières, è fondamentale che le organizzazioni umanitarie – che talvolta ottengono l'accesso ad ambienti e informazioni che ad altri, compresi i giornalisti, sono preclusi – utilizzino questa posizione privilegiata per testimoniare e denunciare le ingiustizie osservate, mantenendo al contempo l'indipendenza e l'imparzialità nelle loro azioni. Secondo Brauman, qualunque operatore sanitario «va sul campo con strumenti medici e torna indietro con una testimonianza»: il suo compito dunque non è solo curare chi sta male, ma anche «testimoniare la verità delle ingiustizie commesse e rivendicare le responsabilità politiche».

***

Io ed Eyal ci siamo incontrati di persona la prima volta a Londra, dove mi ero recata per una conferenza. Dopo aver pubblicato il mio report sull'autodeterminazione per le Nazioni Unite, lo avevo contattato in virtù della grande affinità che trovavo tra i nostri modi di guardare alla materialità e all'immaterialità del colonialismo di insediamento e sostituzione in corso in Palestina: il suo da un punto di vista spaziale, il mio da quello giuridico. Ci siamo incontrati a casa sua in una fredda mattina, in compagnia di alcuni dei suoi collaboratori più fidati. Una delle affermazioni che più mi hanno colpito nel corso di quella conversazione riguardava il suo rapporto con Israele. «Ci tornerò solo quando potrò avere un passaporto palestinese» mi ha detto, lasciandomi di stucco. Da quell'incontro è nata una collaborazione solida che gradualmente si è trasformata in una preziosa amicizia che continua a rafforzarsi nel tempo.

Nel febbraio 2025 io ed Eyal ci siamo ritrovati fianco a fianco, a Berlino. Durante la mia visita, avremmo dovuto poter discutere insieme dei gravi effetti delle operazioni militari israeliane e delle politiche che hanno portato alla devastazione della vita a Gaza. Tuttavia, due dei nostri interventi sono stati annullati o sabotati a causa di pressioni politiche su università e organizzazioni, gettando una luce davvero preoccupante sul declino della libertà accademica in Germania.

Comunque, nel contesto di una crescente intimidazione verso chiunque si ostini a mantenere il dibattito aperto, Eyal e io eravamo concordi nell'idea di impegnarci a rappresentare una luce di speranza, insieme ai tedeschi che non si piegano all'oppressione e a molti ebrei e palestinesi che in Germania stanno fronteggiando una repressione senza precedenti in Europa. Nonostante le avversità e il clima di paura, le nostre conferenze si sono tenute grazie alla determinazione di tutte le persone coinvolte, anche se in luoghi di fortuna e con una forte presenza della polizia.

Partendo dal metodo e dalla prospettiva dell'architettura, lui ha esposto un concetto che mi ha toccato molto: il fatto che per i palestinesi, ormai da generazioni, la casa è «qualcosa che si lascia, non il posto in cui si rimane». Molto simile a ciò che io dico spesso sul genocidio a mezzo di colonialismo di insediamento o di pulizia etnica: per i popoli indigeni la terra è *chi* si è, non il posto in cui si vive.

Il colonialismo di insediamento – ha spiegato Eyal – è un processo che opera attraverso una doppia dinamica: la costruzione e la distruzione. Da una parte si edificano insediamenti, infrastrutture, colonie; dall'altra si distruggono sistematicamente le condizioni che rendono possibile la vita per la popolazione colonizzata.

La conferenza che avremmo dovuto tenere insieme il giorno successivo all'Università di Berlino – ma che le autorità tedesche hanno imposto di annullare, costringendoci a spostarla all'ultimo momento in una sede con una capienza infinitamente minore – aveva proprio questo titolo: *Condizioni di vita calcolate per distruggere*. In riferimento all'articolo 2(c) della Convenzione sul genocidio, che vieta di imporre a un gruppo umano «condizioni di vita intese (*calculated*) a provocare la sua distruzione fisica, totale o parziale», Eyal quel giorno ha aggiunto: «Potremmo dire che di per sé calcolare le condizioni di vita altrui è un concetto implicito al colonialismo di insediamento».

E questo tipo di colonialismo, in base alle sue analisi, agisce in due modi opposti: da un lato, migliorando le condizioni nel territorio occupato per incentivare l'arrivo di nuovi coloni e potenziare il peso demografico degli israeliani; dall'altro, distruggendo in mille modi le condizioni della popolazione palestinese.

«La Striscia di Gaza» ha detto Eyal «non è altro che il risultato di uno sforzo ingegneristico finalizzato a distruggere le condizioni di vita al suo interno. È un lungo esperimento in cui le condizioni di vita vengono degradate a tal punto da spingere la popolazione ad andarsene.» E non si riferiva solo all'assedio degli ultimi vent'anni o alla catastrofe a cui stiamo assistendo da ottobre 2023, ma in generale alla configurazione spaziale e politica della Striscia fin dalla sua creazione nel 1948. Gaza, secondo lui, è stata modellata come uno spazio dove la vita viene resa sempre più insostenibile in base a un sistema che la studiosa americana Sara Roy ha definito di *de-sviluppo*: progressivi tagli all'acqua, all'elettricità, distruzione delle infrastrutture, dopo avere creato per decenni le condizioni per decimare e inquinare il sottosuolo, rendere il bacino acquifero insostenibile, impoverire le condizioni economiche e depotenziare gli ospedali e la ricerca scientifica. Tutto questo, all'interno di un ghetto: perché dal 1948 Gaza, al di là delle importanti evoluzioni giuridiche, è sempre stata un ghetto, come ci ha ricordato Eyal. Con il passare del tempo, la crescita della popolazione e la sua indisponibilità a essere piegata all'idea di una migrazione volontaria – che Israele, anche a mezzo delle Nazioni Unite, ha tentato invano di promuovere per decenni – hanno portato gli israeliani a considerare misure drastiche per ridurre la minaccia demografica che Gaza rappresenta per loro. Mentre la Cisgiordania è meno densamente popolata e ci sono ancora molti modi per occuparsi – o per evitare di occuparsi – della sua popolazione locale, Gaza è una delle realtà più densamente popolate al mondo. O, per meglio dire, lo era.

«Negli ultimi vent'anni, le condizioni di vita a Gaza sono state calcolate in modo così minuzioso da modulare persino le calorie» racconta Eyal, spiegando che Israele ha deciso quanti e quali alimenti far entrare, stabilendo le quantità in base al minimo necessario per gli standard di età e di genere. In tutto questo tempo, i palestinesi hanno ricevuto anche le forniture di acqua e di elettricità «secondo un livello definito "minimo umanitario"».

La cosa impressionante da osservare è come nel frattempo lo Stato israeliano abbia invece migliorato le condizioni di vita nei territori adiacenti a Gaza, per invogliare gli israeliani a stabilirsi lì, fornendo sussidi, infrastrutture, trasferimenti d'acqua dal nord al sud della Palestina storica. «Non è stato semplice convincere nuovi coloni a venire a vivere vicino a Gaza» ha osservato Eyal – che chiama «colono» chiunque, non originario di quella terra, sia andato a vivere nella Palestina storica (oggi Israele) –, mostrando che a questo fine era indispensabile «calcolare le condizioni di vita» in senso opposto.

Tutte le forme di oppressione che si manifestano nei confronti dei palestinesi – pulizia etnica, occupazione permanente, apartheid, genocidio – in realtà sono aspetti di uno stesso sistema coloniale. E su questo Eyal ha aggiunto una frase indimenticabile: «Quando certi meccanismi per calcolare le condizioni di vita di un popolo sono già attivi, nel momento in cui si decide di sterminare quel popolo basta potenziarli e portarli alle estreme conseguenze».

Alla stessa conclusione sono arrivati, prima che l'organizzazione diretta da Eyal tracciasse una vera e propria «cartografia del genocidio» a Gaza (è del 2024 la piattaforma interattiva *A Cartography of Genocide*), anche altri storici israeliani come Ilan Pappé, che ha approfondito il concetto di pulizia etnica nel contesto della Nakba, e Raz Segal, che ha descritto l'attuale realtà a Gaza come un esempio paradigmatico di «genocidio esplicito, sotto gli occhi di tutti, senza alcuna vergogna».

Il genocidio, secondo Eyal, non parte da zero, non consiste in un'escalation improvvisa, ma si innesta su strutture e meccanismi preesistenti. Questo vale nel caso delle azioni israeliane sulla Palestina, così come in altre situazioni e contesti con cui Eyal si è trovato a confrontarsi nel suo lavoro di analista e studioso. Come il genocidio commesso in Guatemala dalle forze armate governative durante i primi anni Ottanta contro le popolazioni indigene maya, accusate di sostenere i ribelli di sinistra, o quello nei confronti dei Nama e degli Herero in Namibia, quando tra il 1904 e il 1908 le forze coloniali tedesche risposero alla rivolta contro l'oppressione coloniale con una vera e propria campagna di sterminio a mezzo di deportazione, campi di concentramento, fame e malattie.

In entrambi i casi Eyal racconta di aver ritrovato lo stesso schema, basato sulla distruzione del territorio e delle condizioni di vita come mezzo di sterminio. «La violenza non viene inflitta solo direttamente agli esseri umani, ma anche all'ambiente che li sostiene: gli ospedali, le scuole, le comunità, i luoghi di culto.»

Il genocidio di cui parla Eyal è una sorta di modello archetipico di eliminazione dell'altro. È il massacro di un corpo attraverso tutti i mezzi possibili, inclusi quelli di distruzione spaziale.

Se per uccidere un corpo, infatti, bastano i proiettili, per uccidere un popolo serve molto di più: occorre attivare ogni mezzo a disposizione, affinché quel corpo collettivo venga svuotato, annientato, anche se continua a muoversi.

Me lo immagino come una serie di elettroshock continui: colpi che, a forza di abbattersi, spengono una vita nella sua stessa essenza. Basta guardare alle condizioni dei nativi americani, o di tanti tra quei pochissimi aborigeni d'Australia che ancora resistono. Mentre nella vicina Aotearoa, la Nuova Zelanda, i Māori sono stati occupati e colonizzati, ma la loro vita di popolo, per quanto ristretta e non del tutto protetta, non è stata soffocata né completamente distrutta, per molti altri popoli indigeni la realtà è questa. Ed è quanto rischia di accadere ai palestinesi nella loro terra, proprio come avvenne agli ebrei d'Europa un secolo fa.

Dopo anni di discriminazioni e persecuzioni, arrivarono le leggi razziali, l'espulsione dalla vita civile, la ghettizzazione estrema, la fame, le malattie. E poi – dato che i numeri degli ebrei d'Europa continuavano a essere alti –, al comando di criminali senza scrupoli, e nel quasi totale silenzio dei contemporanei, si arrivò alla soluzione finale.

Fu quell'orrore senza precedenti in terra d'Europa, quello sterminio meccanizzato su scala industriale, che portò il mondo a dire «mai più» e a definire il genocidio come crimine.

***

Oggi in Palestina il genocidio che è stato ordinato all'indomani dell'attacco sferrato da Hamas il 7 ottobre 2023 appare nitidamente come un'azione sistematica con l'intento di distruggere un popolo attraverso una serie di operazioni militari che hanno colpito in maniera indiscriminata civili, causando morte e devastazione ovunque. Le forze israeliane, con un arsenale letale, hanno raso al suolo intere città, distruggendo case, scuole, ospedali e le stesse reti che sostengono la vita quotidiana. Le ferite inflitte alla popolazione palestinese sono evidenti, con decine di migliaia di morti, tra cui oltre diciassettemila bambini, e un centinaio di migliaia di feriti: un milione di bambini (questa è la demografia di Gaza) colpiti nel corpo e nell'anima, ridotti al silenzio da una violenza indiscriminata che non risparmia nulla.

Da ottobre 2023 in poi, la vita a Gaza è diventata un susseguirsi di bombardamenti e massacri, un contesto in cui l'accesso a risorse basilari, come acqua e medicine, è stato ostacolato deliberatamente, spingendo la popolazione verso la fame e la disperazione. Le parole usate per demonizzare i palestinesi – «animali umani», «non ci sono civili innocenti», «neanche i bambini sono innocenti» – accompagnano una politica di violenza e impunità che riecheggia un passato ignobile che noi europei, più di chiunque altro, non avremmo dovuto dimenticare.

Lo dirò senza mezzi termini: negare la gravità di queste azioni significa chiudere gli occhi di fronte a un genocidio in corso. Un crimine che avrebbe richiesto la mobilitazione urgente della comunità internazionale, che purtroppo non c'è ancora stata, perché oggi come ieri, prima di fermare un genocidio, bisogna vederlo.

Il genocidio si riconosce dalle sue vittime: un popolo preso di mira in quanto tale. Per decenni, i palestinesi sono stati trattati come una presenza scomoda e sgradita, perfino in quel poco di terra che gli restava – Gaza, Cisgiordania e Gerusalemme Est –, dove avrebbero dovuto poter costruire lo Stato al quale da tempo anelano e che la comunità internazionale dichiara di sostenere. Invece Israele ha continuato a regnare col pugno di ferro e a scacciare i palestinesi dalle loro case, per rivendicare su quella terra la sola «sovranità esclusiva del popolo ebraico»: un concetto che, a ben pensarci, era già assurdo cento anni fa, visto che quella terra non è mai stata abitata dai soli ebrei, ma era un coacervo accogliente di culture, religioni e popoli diversi di cui gli ebrei costituivano una minoranza. E appare ancora più assurdo alla luce del quadro normativo internazionale attuale, che non tollera discriminazioni di alcun genere, inclusa quella di religione o «razza», questa parola orrenda che tanto male ha fatto all'umanità negli ultimi cinquecento anni.

La tragedia in corso in Palestina è stata la cronaca di un genocidio annunciato, purtroppo. Gli studiosi di genocidio avvertivano da tempo dei segnali precursori: uccisioni sommarie, arresti arbitrari, segregazione razziale nei confronti dei palestinesi.

Condizioni calcolate appositamente per portare un popolo alla distruzione.

Ma tutto ciò è stato sistematicamente ignorato, se non normalizzato, nel corso del tempo. L'espansione delle colonie israeliane – avvenuta con il pretesto di negoziati infiniti e inconcludenti – ha rivelato quanto sia illusoria l'idea di una pace senza diritti. Ma tutto questo sfugge perché nel frattempo la storia della Palestina che viene raccontata è ben altra.

L'Italia è un esempio eclatante di come l'opinione pubblica sia stata progressivamente manipolata dalla politica – sempre più allineata con i successivi governi del centro-destra israeliano (anche la cosiddetta «sinistra» italiana, con molti esponenti del Partito democratico attivamente coinvolti nella difesa degli interessi israeliani) – e, in diretta conseguenza delle indicazioni della politica, dai media.

Dopo l'11 settembre 2001, con l'avvento della lotta al terrorismo globale, la resistenza di chi difende quello che rimane della propria terra è stata ridotta a un giudizio implacabile. Dunque i palestinesi sono stati etichettati come terroristi ante litteram, senza giudizio e senza appello, e in quanto tali pare debbano essere eliminati. L'idea che, trovandosi in una situazione di sottomissione e svantaggio, i palestinesi abbiano il diritto di difendersi dall'oppressione e di veder realizzato il loro diritto all'autodeterminazione sembra scomparsa dal dibattito pubblico italiano. Allora anche i nostri partigiani, tra cui il presidente Pertini, Nuto Revelli, Carla Capponi e tanti altri che onoriamo come fondatori della libertà del nostro Paese, sarebbero stati dei terroristi?

Tutti sappiamo che dal 7 ottobre 2023 sono stati ammazzati più di diciassettemila bambini, un migliaio dei quali sotto l'anno di vita, eppure questa narrazione sui palestinesi prosegue imperturbabile. Diciassettemila bambini accolti in tutto il mondo con disinteresse da una stampa complice e da una politica servile agli interessi israeliani. Questa è la realtà dei palestinesi nel 2025: una realtà che chiede di essere guardata e contestata.

Siamo in tanti a batterci contro questo genocidio e contro il silenzio che lo accompagna: in questa lotta è fondamentale acquisire conoscenza e una giusta visione.

Quel pomeriggio, Eyal ha concluso il suo intervento dicendoci che, anche se fosse davvero arrivato il cessate il fuoco di cui si stava tanto parlando in quei giorni, la distruzione del popolo palestinese non sarebbe comunque finita, e che non finirà finché «continueranno a prevalere le stesse logiche da cui è scaturita questa distruzione». Quanto ad alcune proposte avanzate per il futuro di Gaza, come quella – che ha definito «delirante» – di dislocare l'intera popolazione, Eyal ci ha ricordato l'importanza di esaminare con la massima attenzione qualsiasi progetto di ricostruzione, visto che «molti sembrano più che altro una continuazione della distruzione, mascherata da aiuto umanitario». Io questo argomento lo capisco perfettamente. Da anni denuncio come l'aiuto umanitario spesso sia stato utilizzato per mascherare e confondere la profonda immoralità del piano di conquista israeliano, un piano che nessun membro occidentale delle Nazioni Unite ha il coraggio di contrastare. Anzi, molti – come la Germania, il Regno Unito guidato dal laburista Starmer e l'Italia sotto il governo Meloni – lo sostengono attivamente.

In una tiepida mattina dell'inverno berlinese, nel secondo anno del genocidio del popolo palestinese, dinanzi a una folla di studenti demoralizzati e poliziotti in tenuta antisommossa, Eyal ha chiuso il suo discorso con un ultimo monito: «In questo caso la ricostruzione non sarebbe un rimedio alla distruzione, ma piuttosto il suo proseguimento: verrebbe usata per completare quello che il genocidio non è riuscito a portare a termine».

Condivido con Eyal lo sbigottimento nei confronti della proposta del presidente Trump di ricostruire Gaza come una riviera del Mediterraneo, dopo averla «ripulita» dei suoi abitanti. Un'assurdità totale, illegale e immorale, che a ben vedere rientra perfettamente nei termini della pulizia etnica o, meglio: dell'istigazione al trasferimento forzato. Un crimine riconosciuto dal diritto internazionale, che con le ultime dichiarazioni dell'amministrazione statunitense entra ufficialmente, per la prima volta, nella politica estera degli Stati Uniti. Trasferimenti forzati e ulteriori espropriazioni, nel contesto di questo genocidio, rafforzerebbero la complicità degli altri Paesi nei confronti dei crimini che Israele ha già commesso in questi decenni e aggravato esponenzialmente negli ultimi mesi, peggiorando ancora di più la crisi che sta minacciando di distruggere il popolo palestinese.

Ma il fatto stesso che, mentre Eyal Weizman e io discutevamo di questi temi, lo sfondo della nostra conversazione fosse punteggiato di camionette della polizia, agenti che presidiavano gli studenti in tenuta antisommossa e minacce di arresto nei miei confronti, ci rivela come tutto il sistema nel quale viviamo sia già stato seriamente compromesso.

E ci chiama a essere pronti a portare tutte e tutti il nostro contributo, la nostra testimonianza e, per quello che possiamo, il nostro impegno attivo affinché gli orrori del passato e del presente smettano di fare da cornice al nostro quotidiano.

Malak

Dov'è la casa di una persona rifugiata?

> Quando viaggio mi porto sempre dietro troppe cose [...]. Analizzando questo fatto sono giunto alla conclusione di avere una segreta ma inestirpabile paura di non fare ritorno.
>
> EDWARD W. SAID, *Sempre nel posto sbagliato*

Quella che i palestinesi chiamano «Nakba», cioè «catastrofe», è l'esodo forzato in cui, tra la fine del Mandato britannico e i primi anni successivi alla nascita dello Stato di Israele (1948-1949), settecentocinquantamila palestinesi furono costretti a lasciare le proprie case in seguito alle violenze, ai massacri e alla distruzione sistematica dei loro villaggi.

Durante questo periodo, vaste aree di terra furono sottratte o abbandonate dai palestinesi, che dapprima fuggirono al diffondersi delle notizie delle violenze commesse dalle milizie ebraiche Irgun, Haganah e Lehi, confluite nell'esercito israeliano dopo il 1948, e poi furono espulsi in punta di fucile, a piedi o su camionette organizzate dalle milizie israeliane. Così, in breve tempo, circa cinquecento villaggi e località palestinesi furono distrutti o spopolati. Gli storici parlano di diverse decine di massacri – con esecuzioni sommarie, stupri e altri crimini contro anziani, uomini, donne e bambini, come quelli tristemente noti di Tantura e Deir Yassin – che accelerarono lo spopolamento della Palestina storica. I villaggi distrutti non furono semplicemente abbandonati: molti vennero deliberatamente demoliti, e le terre furono spesso riutilizzate per costruire nuove comunità ebraiche o per altri scopi all'interno del nuovo Stato di Israele.

Salman Abu Sitta, fondatore e presidente della Palestine Land Society (PLS) – con sede a Londra, dedicata alla documentazione della terra e del popolo palestinese –, e molti altri storici e studiosi della Nakba hanno attestato come le terre abbandonate dai palestinesi furono successivamente occupate e utilizzate dal nuovo Stato di Israele. Abu Sitta, in particolare, ha sviluppato molte ricerche rivolte alla mappatura delle località palestinesi pre-1948 e all'analisi delle possibilità di ritorno per i rifugiati, sostenendo che il diritto al ritorno non sia solo giusto, ma assolutamente fattibile.

Per le centinaia di migliaia di palestinesi che dal 1948 in poi furono rinchiusi nella Striscia di Gaza, gli ebrei che occupavano le loro terre non sono altro che coloni: coloni che fin dai primi giorni di vita dello Stato di Israele hanno difeso le terre sottratte ai legittimi proprietari a colpi di arma da fuoco e usando come avamposti di difesa i kibbutz, che in tanti all'estero vedevano semplicemente come il fiore all'occhiello del grande modello socialista del neonato Stato ebraico.

Questa storia dolorosa e mai riparata si tramanda tra i palestinesi di generazione in generazione, ed è giusto ricordare che lo spossessamento dei palestinesi era già iniziato ben prima del 1948, durante il trentennio di colonizzazione britannica (1920-1948). Gli inglesi favorirono quasi ininterrottamente le ondate migratorie che portarono molti ebrei dall'Europa a insediarsi in Palestina, con l'intento di sfuggire alle persecuzioni e costruire una nuova vita nella terra «dei loro antenati». Ma quella terra era già abitata, e l'idea di scacciarne la popolazione fu chiara fin da subito alla leadership sionista dell'epoca.

Come si potrebbe non insegnare questa storia, o pretendere che le persone semplicemente dimentichino? Immaginiamo la crudeltà di chiedere agli armeni di non parlare delle violenze subite e del grande furto della loro vita, terra e cultura durante il genocidio commesso dagli ottomani, e lo stesso vale per i popoli nativi dell'Australia, dell'America e di tanti altri teatri di genocidio della storia.

Eppure, quando lavoravo in Palestina come legale dell'UNRWA e negli anni successivi, mi è capitato spesso di avere la sensazione che le amministrazioni americane si aspettassero dall'agenzia una vera e propria *pacificazione* dei palestinesi.

Qualsiasi abuso fosse stato commesso ai danni dei loro nonni, delle loro terre, delle loro vite, a partire dal 1948, il popolo palestinese avrebbe dovuto addirittura amare Israele, e di certo non contestarlo.

Uno dei miei compiti, quando sono arrivata in Palestina nel 2010, era seguire un audit sul programma dell'agenzia relativo ai diritti umani, ai piani di studi e ai curricula in uso presso le scuole dell'UNRWA.

Questo audit era per conto del donatore americano dell'UNRWA, da sempre il principale contribuente alle finanze dell'agenzia, e io preparavo ciò che occorreva affinché i tre revisori arrivati dagli Stati Uniti potessero condurre la loro indagine, volta a esaminare i materiali scolastici dell'UNRWA per accertarsi che non vi fosse nulla che potesse «incitare al terrorismo, all'antisemitismo e alla violenza». Ovviamente, non è mai emerso nulla che potesse ricondurre a «messaggi contro Israele, anche antisemiti», ma da anni ormai questi programmi sono costantemente sotto attacco, accusati dal governo israeliano e dai suoi alleati di contenere messaggi antisemiti.

Sebbene l'UNRWA, in virtù di un protocollo d'intesa stipulato con Israele nel 1967, si sia sempre occupata di circa cinque milioni di rifugiati palestinesi nel territorio occupato, sollevando Israele – in quanto potenza occupante – da questo onere, le cose sono cambiate a partire dal processo di pace avviato con la Conferenza di Madrid nel 1991.

Fino ad allora, della questione rifugiati si era quasi smesso di parlare. Ma, nel contesto del processo di pace, i palestinesi e non solo cominciarono a riflettere su cosa avrebbero comportato la pace e la soluzione a due Stati per i rifugiati. Tutta la copiosa produzione di stime, ricostruzioni storiche, analisi giuridiche, computi statistici ed economici diventava una spina nel fianco per Israele, che considerava la questione rifugiati chiusa, morta e sepolta.

«È successo tanto tempo fa, chi ci pensa più!» mi disse con nonchalance un noto giurista israeliano durante un workshop nel 2017.

Israele i palestinesi non li vede, non li ascolta e, cosa ancor più grave, non li «sente». Per la maggior parte degli israeliani che intervengono pubblicamente, ma anche per molti esponenti della diaspora ebraica, esiste una sola prospettiva: quella di Israele. Come Israele vive la storia, come prova dolore, in quale contesto si muove.

Tanti intellettuali, pur dichiarandosi moderati e contrari all'occupazione, si concentrano solo a condannare la violenza di Hamas, mentre tacciono sui numeri impressionanti di vittime palestinesi e sulla distruzione causata dall'esercito israeliano dopo il 7 ottobre 2023. Ripetono accuse mai verificate, come quella degli stupri di massa, ma evitano di riconoscere la ferocia subita dalla popolazione palestinese.

Il linguaggio cambia, quando parlano dei palestinesi.

***

Ma torniamo al 2010: per preparare il mio audit ho avuto occasione di visitare per la prima volta l'intera terra comunemente chiamata «Striscia di Gaza» e di tornarci diverse volte anche nei mesi successivi. Durante una di quelle visite, nell'atrio di una scuola era stata allestita una mostra con i dipinti realizzati dai bambini e, tra questi, ricordo che alcuni mi avevano colpita profondamente: non erano su carta, come quasi tutti gli altri, ma su tela e dimostravano una maestria e una bellezza che non mi sarei aspettata di trovare in quel contesto.

«Chi ha fatto questi quadri?» ho domandato agli insegnanti.

«Una ragazzina di prima media, è molto brava, vero?»

«Mi piacerebbe avere uno dei suoi dipinti: questo» ho detto, indicando un'immagine che ho ancora davanti agli occhi, con due figure di bambine dai volti rotondi e gli occhi cerulei come il cielo alle loro spalle, in cui vola una grande colomba panciuta. «Vorrei anche incontrarla, è possibile?»

Così, quel pomeriggio di quindici anni fa, ho conosciuto Malak Mattar, che allora era una bambina di undici anni con il volto paffuto incorniciato da due trecce di folti capelli neri. La ricordo bellissima e molto timida; non parlava inglese ma, attraverso i suoi professori, mi ha detto con dolcezza che non poteva proprio vendermi il quadro che mi piaceva tanto: prima di tutto, perché apparteneva alla scuola. Secondo, perché lei non avrebbe saputo propormi un prezzo. Avrebbe dovuto chiedere se poteva accettare denaro, ma lì non c'era suo zio, un noto pittore di Gaza, che le aveva insegnato a dipingere.

Anni dopo, stavo facendo una ricerca online a caccia dell'immagine da usare per la locandina di una conferenza, quando mi sono trovata di fronte un dipinto sul quale colombe bianche volavano intorno a figure umane dagli occhi grandi e dai volti morbidi, e ho avuto un'illuminazione. «Quest'opera è palestinese?» ho chiesto.

Qualcuno mi ha confermato: «Sì, è palestinese».

«Anzi, dev'essere di Gaza. Vero?»

«Sì, la pittrice è di Gaza. Si chiama Malak Mattar.»

Non avevo dubbi: poteva essere solo lei, quella bambina incontrata brevemente tanti anni prima in una delle scuole dell'UNRWA.

Le ho scritto subito e a quel punto avevo deciso: dovevamo assolutamente avere una delle sue opere per la locandina del nostro evento, e così è stato. Si trattava di una conferenza organizzata per celebrare i vent'anni dalla morte di Edward Said, grande intellettuale e autore palestinese, che era stato accademico presso la Columbia University. La conferenza si è tenuta a Londra il 3 ottobre 2023, pochissimi giorni prima dell'evento che avrebbe cambiato per sempre la vita di palestinesi e israeliani, e certamente di tutti gli abitanti della Striscia di Gaza, tra cui Malak e la sua famiglia.

Da quel momento siamo sempre rimaste in contatto.

Dovevano però passare diversi anni tra il nostro primo incontro e il successivo, che non ha avuto luogo a Gaza, ma a Londra, solo alla fine del 2024, in occasione della bellissima conferenza alla London School of Hygiene and Tropical Medicine, a cui sono intervenuta al fianco di Ghassan Abu Sitta. Quella sera, in mezzo alla folla, ho riconosciuto subito Malak e finalmente, dopo la conferenza, ci siamo potute abbracciare.

Lei mi ha raccontato di aver lasciato Gaza esattamente il giorno prima del 7 ottobre e di essersi poi trasferita a Londra, dove era stata ammessa a un master in Belle Arti alla St Martins School, una delle scuole di arti visive più importanti del mondo. La sua famiglia, invece, composta dai genitori e da due fratelli, era rimasta a Gaza e stava cercando rocambolescamente di trovare rifugio in Egitto. Ci sarebbero voluti mesi perché, miracolosamente sopravvissuti ai bombardamenti e in condizioni difficilissime, riuscissero poi a lasciare Gaza.

«In un primo momento» mi ha spiegato, «una parte della mia famiglia ha deciso di rimanere al nord. Pensavano: "Questa terra è nostra e noi la salveremo; dobbiamo proteggerla da qualsiasi ambizione di colonizzazione, quindi resteremo qui. Che ci uccidano, se vogliono, ma noi non ce ne andiamo". Anche perché per tante persone, compresi i miei, la decisione di andarsene o restare ha sempre trascinato con sé un forte trauma del passato: dopo la Nakba del '48, chi lasciava le proprie terre non ci poteva più tornare.»

Poi, una mattina, è accaduto qualcosa che li ha convinti a fuggire dal quartiere di Rimal, dove abitavano: la scuola secondaria dove insegnava sua madre è stata bombardata pochi minuti dopo che lei ne era uscita, mentre era ancora in macchina per tornare a casa. Così si sono spostati, trovando rifugio nel nord della Striscia di Gaza: prima in un quartiere che si chiama al-Karama, poi vicino all'ospedale al-Shifa. E in tutto questo la famiglia si è dovuta separare: gli uomini da una parte, le donne e i bambini da un'altra. Una situazione folle. Qualche giorno più tardi hanno deciso di andare a sud. Gli allarmi erano sempre più frequenti, un mare di gente stava lasciando le proprie case e c'erano sempre più pressioni perché la gente del nord si spostasse verso il sud.

«La mia famiglia è andata a Deir al-Balah e per cinque mesi ha vissuto a casa di mia zia. Per me è stato un incubo: ero appena arrivata a Londra e con tutti questi spostamenti non riuscivo mai a mettermi in contatto con loro. Non avevo notizie, non sapevo come stavano, non sapevo nemmeno se erano vivi o morti. Provavo continuamente a chiamarli, ma non c'era rete e rispondeva sempre una musichetta. Dall'entusiasmo per il mio nuovo percorso alla St Martins, che mi avrebbe permesso di crescere come artista, sono precipitata nell'angoscia di non sapere se le persone a me più care fossero al sicuro.»

Quella sera, dopo l'evento londinese, io e Malak siamo riuscite a scambiarci solo poche parole e il suo racconto si è concluso molti mesi dopo: proprio in questi giorni di marzo 2025, in cui sto ultimando la stesura del libro, mi sono trovata di nuovo a Londra, sono riuscita a organizzare una cena più intima e finalmente Malak mi ha potuto raccontare la seconda parte di questa vicenda complicata e dolorosa. «E comunque, molto meno di tante altre» ha specificato subito dopo esserci sedute al tavolo, prima ancora di scegliere che cosa mangiare. «Nella famiglia del mio amico Ahmed, per esempio, in questi ultimi mesi sono morti tutti. Lui non ha più nessuno.»

La famiglia di Malak, invece, è riuscita a salvarsi. «Dopo averci provato in ogni modo possibile, abbiamo capito che non c'era altra via che racimolare una cifra sufficiente a corrompere gli egiziani, cioè tantissimi soldi. Cinquemila dollari per ogni persona, in totale ventimila, visto che i miei sono in quattro: i miei genitori, mio fratello e mia sorella. Per fortuna sono riusciti a recuperare i loro risparmi e a lasciare la Palestina per rifugiarsi in Egitto. Finalmente, il giorno dell'evacuazione sono andata in Egitto e ho potuto rivederli. Erano traumatizzati, scioccati e feriti anche fisicamente: quando l'edificio davanti al loro è stato bombardato, i vetri delle finestre sono esplosi addosso a mia sorella. Ma lei stessa mi ha detto che i momenti più terrificanti sono stati quelli del tragitto da Deir al-Balah al confine, disseminato dei corpi di persone uccise e lasciate lì, lungo la strada. Hanno pregato per tutto il tempo, ma quando sono finalmente arrivati in Egitto si sono sentiti schiacciati da una sorta di senso di colpa per essere sopravvissuti. Mia madre era sconvolta; continuava a dirmi: "Come ho potuto lasciare indietro tante persone? Soprattutto quelle che mi hanno ospitato. E i miei amici, i miei parenti, le mie cose...". Ancora adesso non riesce a superarlo.»

Allora è iniziata un'altra battaglia – in questo caso, legale – poiché ai familiari di Malak il governo inglese aveva rifiutato il visto per poterla raggiungere e hanno dovuto intentare una causa per ottenere l'annullamento della decisione. «Abbiamo partecipato a un'infinità di udienze e gli avvocati non smettevano di ripetermi: "Malak, stai combattendo una battaglia che probabilmente perderai". Ma io mi dicevo: "Be', almeno la combattiamo".»

Il loro ricorso, racconta Malak, si fondava sulla dimostrazione di quanto fosse importante per lei avere i suoi accanto. A sostegno della richiesta c'erano le testimonianze di vari esperti: psicologi, sociologi e altri professionisti. L'ostacolo principale era rappresentato dall'idea che i suoi cari potessero costituire «una minaccia per la sicurezza», e a ogni udienza capitava che qualche avvocato della controparte si riferisse a loro come se fossero persone pericolose.

Fu necessario dimostrare che tutti loro amavano l'arte, il teatro... come se, implicitamente, chi non aveva una cultura non meritasse di ricevere questa opportunità.

Dopo interminabili mesi hanno vinto. Nelle prime settimane del 2025, infatti, sono stati rilasciati i visti, tecnicamente sulla base di un ricongiungimento familiare, e molto presto i suoi potranno raggiungere Malak a Londra. A quel punto del racconto ha preso la forchetta e con un sospiro ha iniziato a mangiare.

«Entrambi i miei genitori sono cresciuti a Gaza come rifugiati, dopo che nel 1948 sia la famiglia di mia madre sia quella di mio padre erano state sfollate con la forza dai loro villaggi: mio padre viene da Al-Jura, mentre mia madre da Al-Batani al-Sharqi, di cui ormai da tempo non rimane quasi più niente. Ma anche se sono posti che non ho mai potuto visitare, a me sembra di conoscerli bene perché i miei nonni ne hanno sempre parlato tantissimo. Fin da quando ero piccola ho maturato un forte senso di appartenenza verso i paesi dove si trovano le mie radici; e naturalmente il rapporto che ho con Gaza è abbastanza complesso.»

I villaggi di cui Malak mi parlava sono stati cancellati dalla mappa della storia, con la creazione dello Stato di Israele; ma di fatto la terra, i resti delle case, le tombe degli avi delle famiglie palestinesi sfollate nel 1948 sono ancora lì, in Israele.

«Quindi non la senti come casa tua?» le ho chiesto.

«Be'» mi ha risposto con un sorriso molto eloquente. «In effetti, sì. Sono una rifugiata, non è lì che si è svolta la storia della mia famiglia, però è lì che sono cresciuta ed è lì che ho iniziato ad apprendere il linguaggio dell'arte grazie a mio zio, Mohammed Musallam, che è un artista di fama internazionale e che ha lavorato tanto anche come insegnante d'arte a Gaza. E quindi, ecco, per rispondere alla tua domanda, ti potrei dire che Gaza non è casa mia, però oggi la sceglierei come casa. A maggior ragione adesso, forse, che il quartiere in cui sono cresciuta è stato praticamente raso al suolo e vive solo nella nostra memoria. I miei ricordi più belli sono a Gaza e, malgrado tutto, per me è un luogo in cui si può sognare. Quando avevo quindici anni sono stata invitata a fare una mostra a Bristol, nel Regno Unito. Ovviamente ero felicissima, sono andata da mio padre e gli ho chiesto: "Papà! Posso andare? Mi daranno il permesso? Queste persone dicono che pagheranno tutto loro, vogliono solo che io vada lì e parli un pochino della mia pittura". Ma lui mi ha risposto: "Pensi che Israele ti permetterà di andare all'estero per una mostra, quando non dà il permesso di partire nemmeno ai malati di cancro, che rimangono bloccati qui a morire senza medicine?". Le sue parole mi hanno fatto molto male, ma questo non mi ha impedito di continuare a dipingere, a sognare e ad avere ambizioni nella vita. E la stessa cosa la sentivo in tutti i miei amici. Ognuno di noi aveva la spinta a realizzare qualcosa.»

Questa è una caratteristica che mi ha sempre colpito, dei palestinesi. Perfino sotto dittatura militare e un vero e proprio assedio – quello che Gaza subisce in tutto e per tutto dal 2007 –, sotto il blocco militare (e non solo militare), sotto l'occupazione, in condizioni di vita veramente difficili, sono riusciti a preservare quella spinta, quell'amore per la vita che traspare in ogni parola e respiro di cui Malak mi ha parlato, e che ho visto, come lei stessa racconta, in tantissime persone. Non si sono mai lasciati schiacciare, e questo fa un'enorme differenza: perché, quando ti impegni con tutte le tue forze per vivere una vita giusta e dignitosa, nessuno può interferire o decidere per te.

***

Dopo aver preso a pieni voti il diploma di maturità e vinto una borsa di studio per perfezionare la sua arte in Turchia, Malak ha impiegato un anno intero per ottenere i permessi necessari a partire. Da lì avrebbe potuto proseguire gli studi in Francia o nel Regno Unito, ma entrambi i Paesi le hanno rifiutato il visto.

Mi ha raccontato che, nel suo primo anno fuori dalla Palestina, si è vista negare l'ingresso in quasi ogni Paese. L'idea di libertà che aveva coltivato per tanto tempo si era infranta contro la realtà. Pensava che, una volta uscita da Gaza, sarebbe finalmente stata libera, con le ali per volare ovunque desiderasse. Ma non è andata così. Nel periodo trascorso in Turchia ha capito che non basta uscire fisicamente da Gaza, se il mondo intero continua a vedere i palestinesi come una minaccia.

«In ogni caso» mi ha detto rialzando la testa, con gli occhi più accesi, «ci sono voluti un bel po' di tentativi, ma ora vivo qui e sto viaggiando così tanto che sul mio passaporto è rimasta solo una pagina vuota. Anche questa, per me, è resistenza!» ha concluso ridendo. «È una stupidata, vero?»

«Non mi sembra proprio» le ho detto. Sorridevo anch'io, ma avrei voluto piangere pensando alle peripezie di Malak e poi ai timbri sui passaporti dei miei figli.

«Per me è importante poter dire ai coloni: "Sapete che c'è? Io me ne vado per il mondo a far conoscere la mia arte!". È questo lo spirito con cui sono cresciuta come donna e come artista, a Gaza. Pensa che alla mia prima mostra personale ho esposto un grande quadro sulla corruzione, sulle dinamiche del potere, e un vecchio professore è venuto a dirmi: "La tua pittura è interessante, ma tu sei una giovane donna, non sarebbe meglio dipingere fiori, vasi, qualcosa di carino, e lasciare la politica agli uomini?". Forse è stato proprio questo genere di commenti che, invece di scoraggiarmi, mi ha spronata a deludere le aspettative altrui e a fare tutto quello che potevo affinché le nostre voci risuonassero e potessero essere ascoltate: anzi, questi episodi sono stati tappe fondamentali del mio percorso artistico.»

Le sfide davvero difficili, mi ha raccontato Malak, sono state ben altre: il negozio d'arte dove andava a comprare i colori è stato bombardato e non esiste più; la galleria in cui sognava di esporre le sue opere è stata distrutta; molti degli amici che frequentavano la sua casa per parlare e dipingere insieme sono stati uccisi. Questa è la realtà di chi fa arte a Gaza: vivere e creare sotto occupazione.

Con gli occhi in fiamme, mi ha raccontato che quando aveva quattordici o quindici anni aveva ricevuto una commissione dagli Stati Uniti, dal Tennessee: un dipinto con un albero di Natale; ma al momento di spedirlo, all'ufficio postale le avevano chiesto: «È un'opera politica?». Qualunque artista vivesse a Gaza doveva sempre fare i conti con una forma di censura su ciò che poteva o non poteva dipingere, su quali simboli poteva o meno includere nei propri lavori. Se un'opera era considerata politica, i militari l'avrebbero confiscata. E allora, se lei avesse inserito una kefiah in un quadro, sarebbe stata vista come un simbolo politico? Gliel'avrebbero portato via?

A quel punto le ho chiesto quanto fosse stato difficile diventare un'artista sotto l'occupazione.

«Moltissimo» mi ha risposto seria. «È stato incredibilmente difficile. Sai perché ci odiano e vogliono distruggere qualsiasi aspetto dell'arte? Perché l'arte è speranza. Ecco perché hanno ucciso Refaat Alareer, che con le sue poesie dava speranza a tanti. La realtà più sconvolgente con cui si deve scontrare l'occupazione è che noi parliamo con il linguaggio dell'arte, che è il linguaggio più potente contro tutte le forme di disumanizzazione: riuscire a raggiungere altre persone con una poesia o un dipinto è il modo migliore per spazzare via tutti gli stereotipi. Per questo penso davvero che l'arte sia pericolosa» ha concluso con un sorriso.

Finito di mangiare, siamo andate a fare due passi e

abbiamo attraversato uno dei tanti giardinetti che punteggiano il centro di Londra.

Guardavo il viso lunare di Malak, molto dolce ma dallo sguardo segnato e indurito dalla violenza, dalla sottomissione, mentre mi raccontava che anche lì a Londra tante cose sono difficilissime per lei: per esempio, adesso sta cercando una casa che possa ospitare tutta la famiglia quando i suoi riusciranno a raggiungerla, ma gli affitti sono troppo cari e, con la sua borsa di studio, è davvero complesso. Il loro è uno scenario meraviglioso, perché sono tutti vivi, soprattutto se confrontato con l'angoscia costante che Malak provava prima che i suoi riuscissero ad arrivare in Egitto, quando sapeva che non avevano cibo, che erano sotto una pioggia di bombardamenti e che rischiavano la morte ogni istante. Eppure, mi ha detto che ogni volta che riuscivano a sentirsi al telefono suo padre le chiedeva solo: «Allora, cosa stai dipingendo in questi giorni?».

Malak, all'inizio, non capiva: «Ma che cosa importa, papà?».

Poi lui glielo ha spiegato: «Tu sei lì per un motivo, Malak. Devi dipingere la nostra vita, la nostra lotta, tutto quello che stiamo passando. Tu sei un'artista, quindi sei la nostra voce».

Quelle parole, mi ha detto, non le dimenticherà mai. Sentire il sopravvissuto a un genocidio chiederle di dare voce, attraverso la pittura, a ciò che il suo popolo stava vivendo, per lei è stata una responsabilità enorme, e anche un onore. È da lì che ha preso forma l'idea di un'opera monumentale: un dipinto di quasi cinque metri per due in cui ha provato a trasmettere tutto ciò che non riusciva a dire a parole. Lo hanno soprannominato «la *Guernica* di Gaza», anche se il suo vero titolo è *No Words*. È un'opera che nasce dal cuore del genocidio in corso, ed è interamente in bianco e nero, perché, come ha spiegato in un'intervista, «solo il nero può riflettere la realtà, una realtà orribile che ci riduce al silenzio». Malak non vede più i colori della sua terra.

Sulle pareti, graffiti urlano in arabo e in inglese: «Gaza vivrà per sempre» e «Gaza vi perseguiterà». Nella tela si vedono animali che si cibano dei cadaveri lasciati a marcire. Al centro, un uomo sconvolto cavalca un asino, la bocca spalancata dal dolore, dallo shock, dalla vergogna. Attorno a lui, corpi e macerie: donne, uomini, bambini. La composizione è densa di dettagli crudi, di una violenza che satura lo spazio. Le case, le scuole, le moschee, i centri culturali: tutto è distrutto. Nessuno parla più, in quell'opera.

Malak ha dipinto il silenzio. Ha dipinto la sparizione di giornalisti, artisti, poeti, intellettuali. Un'opera che gela il sangue nelle vene, Malak lo sa.

Ma la sua arte è espressione pura, senza filtri, sia quando vede il mondo in bianco e nero, sia quando usa i colori in quel suo modo unico: come nel dipinto che illustra la copertina di questo stesso libro che hai tra le mani, che fa parte di un ciclo di opere dal quale abbiamo preso ispirazione anche per il titolo *Quando il mondo dorme*.

Mentre ci salutiamo abbracciandoci, con un sorriso triste ma pungente Malak mi dice: «A quanto pare, alla gente interessa vedere dipinto il dolore di Gaza. Ma non c'è abbastanza vernice per raccontarlo tutto».

Gabor

Perché è così importante preservare la memoria di un popolo?

> Neytiri: «Gente Del Cielo non può imparare, voi non vedete».
> Jake: «Allora insegnami a vedere!».
>
> *Avatar*

«Un mese prima della liberazione di Budapest, mentre camminavamo per strada, mia madre mi ha affidato a una perfetta sconosciuta, perché non si sentiva più certa di poter garantire la mia sopravvivenza. Gli ebrei venivano nuovamente deportati e uccisi dai nazisti ungheresi. Lei non aveva idea di quando sarebbe potuto toccare a noi, e così quel giorno mi ha messo in braccio a un'estranea incontrata per strada.»

Questa è una memoria fondamentale nella storia di Gabor Maté, medico e psicoterapeuta di nazionalità canadese e origini ungheresi. Oggi Gabor si occupa di traumi e di guarigione, facendo perno sul suo stesso dolore per dare agli altri qualcosa di importante: dà speranza alle persone dicendo cose estremamente sensate, preziose, sempre con una grande semplicità. Durante un evento in cui ci confrontavamo a proposito della situazione in Palestina, l'ho sentito sostenere senza mezzi termini, ma con una voce quieta come una carezza: «Bisogna essere proprio ignoranti per non sapere, per non capire, per non vedere il colonialismo in Palestina, o per negare che i palestinesi siano gli oppressi e gli israeliani gli oppressori». C'è qualcosa che non va, afferma ancora Gabor, in chi non riesce a vedere come l'ebraismo, la sua religione, venga strumentalizzato in nome di un etnonazionalismo che si fonda sulla premessa di un'ideologia discriminatoria.

E questo per me fa di lui una persona che non è più solo un terapeuta dell'individuo, ma della collettività. Credo che sia anche per questo che molta gente lo ascolta.

Il trauma, secondo Gabor Maté, non è tanto ciò che accade esternamente a un individuo, quanto ciò che avviene internamente in risposta a un evento doloroso. In questo modo si genera una ferita intima che prima o poi inevitabilmente si manifesterà all'esterno, rischiando di limitare per sempre le capacità emotive, psicologiche e relazionali di una persona. Tuttavia, se si riesce a sviluppare consapevolezza e compassione, è possibile avviare un processo di guarigione.

La *disconnessione* da sé e dagli altri, che Maté descrive come un'inevitabile conseguenza di qualsiasi trauma, non colpisce solo il singolo. Una persona può sentirsi isolata, diffidente e scollegata, e alla fine somatizzare la sofferenza nel corpo. Ma lo stesso sentimento può emergere da traumi storici e generare esperienze condivise che colpiscono famiglie, intere comunità o popoli, influenzando legami collettivi e identità.

Addirittura, come lui sottolinea, la trasmissione di un trauma – soprattutto quando si verifica attraverso una mancata regolazione emotiva – può essere interpretata anche in una prospettiva intergenerazionale o collettiva. Se gli adulti di una società portano con sé esperienze dolorose che hanno lasciato segni profondi, il loro trauma ha il potere di essere tramandato culturalmente alle nuove generazioni. Le cicatrici invisibili degli antenati possono influenzare il modo in cui i giovani percepiscono se stessi e il mondo, perpetuando un ciclo di sofferenza e disconnessione che richiede un lavoro consapevole, e aggiungerei compassionevole, per essere interrotto.

Il trauma, secondo Gabor Maté, «cambia la percezione del mondo».

Quando interi gruppi interiorizzano una visione della vita influenzata dal loro trauma, dalla loro paura, questo nutre un continuo senso di minaccia e sfiducia e incide sulla loro visione collettiva del mondo esterno. Non risulta difficile immaginare quanto contino dinamiche di questo genere per le popolazioni che hanno vissuto oppressione, guerre, persecuzione, esilio e sterminio. Ed ecco il punto di contatto eterno tra ebrei e palestinesi.

L'idea che il trauma sia centrale per l'esperienza collettiva degli ebrei così come dei palestinesi è un tema esplorato da studiosi a me cari, come Amos Goldberg e Bashir

Bashir. Nel testo da loro curato, *Olocausto e Nakba. Narrazioni tra storia e trauma*, Goldberg e Bashir evidenziano come questi eventi – con il portato di dolore, perdita e smarrimento collettivo che li ha caratterizzati, al di là delle differenze drammatiche – abbiano segnato le identità e le memorie di entrambi i popoli. Dunque, nel passaggio da una generazione all'altra, sono diventati elementi centrali della loro storia, plasmando non solo le esperienze passate, ma anche le relazioni attuali e le lotte per la dignità e la giustizia. L'atto di custodire la memoria è fondamentale, proprio perché – come Gabor Maté sottolinea spesso e come spiega in uno dei suoi libri più toccanti, *Il mito della normalità* – il trauma non consiste semplicemente in ciò che è accaduto, a livello personale e collettivo, ma soprattutto, appunto, in ciò che accade e continua ad accadere *dentro* le persone in risposta a quell'esperienza. E questo vale specialmente quando tocca qualcosa di molto doloroso: per esempio, il genocidio degli ebrei durante l'Olocausto, e il genocidio del popolo palestinese cominciato a Gaza, che si sta compiendo sotto gli occhi del mondo.

Secondo Gabor Maté, ogni guarigione autentica richiede il coraggio di guardare in faccia il dolore che portiamo dentro, visto che le convinzioni tipiche e profonde di chi ha subito un trauma, come la classica: "C'è qualcosa in me che non va", non sono solo pensieri negativi, ma qualcosa che continua a vivere nella nostra neurofisiologia, creando veri e propri insiemi di processi mentali interconnessi. Quando si cerca di evitare il ricordo del dolore – negandolo, o nascondendolo inconsapevolmente sotto i sensi di colpa, l'autosabotaggio o il disprezzo di sé – di fatto si impedisce al processo di guarigione di compiersi. Coltivare la memoria emotiva, al contrario, è quindi un atto di restituzione della verità a se stessi, o a un intero popolo che è stato ferito e oltraggiato: solo riconoscendo la ferita si può iniziare a curarla.

Come una collega israeliana ebbe modo di farmi riflettere, tempo fa, gli ebrei, non solo quelli residenti in Israele, hanno avuto molte occasioni per affrontare e lenire il loro trauma collettivo, frutto di secoli di persecuzione culminati in uno dei genocidi più orrendi della storia. Questa opportunità si è concretizzata in momenti di compassione collettiva e dolore espressi tramite giornate della memoria, musei e monumenti commemorativi in giro per il mondo. Nelle scuole – o quantomeno nelle scuole dell'Europa, dove l'Olocausto è stato commesso – la storia del genocidio degli ebrei viene insegnata con serietà e rispetto, offrendo alle nuove generazioni l'occasione di riflettere e confrontarsi con quel passato doloroso.

Certo, è interessante notare quanto poco si parli invece del genocidio dei rom e dei sinti – il Porrajmos, che in lingua romaní significa «grande divoramento», o Samudaripen, «uccisione di tutti» –, che pure avvenne durante la Seconda guerra mondiale principalmente per mano del regime nazista. Lo sterminio colpì centinaia di migliaia di persone appartenenti a queste comunità che in tante parti d'Europa vengono discriminate ancora oggi.

E pure ai palestinesi questa opportunità è ancora negata. Non hanno mai potuto chiudere il cerchio del loro passato, elaborare il dolore collettivo per la perdita della terra, delle case e della vita comunitaria che avevano fino al 1948. E non solo è mancato loro il riconoscimento dei diritti e delle legittime richieste di giustizia per tutto ciò che hanno subito in passato; la loro sofferenza spesso viene proprio resa invisibile e non compresa, né da parte di Israele né dell'intero ecosistema politico occidentale, che poi è quello che decide, persino dinanzi alle ingiustizie che subiscono oggi.

Il genocidio attualmente in corso a Gaza ne è la riprova.

Nel dibattito predominante in Occidente sembra che non si possa parlare della violenza che i palestinesi vivono ogni giorno senza prima dover considerare Israele e il suo diritto di difesa, perfino quando questo diritto viene rivendicato proprio su quel poco di terra che resta ai palestinesi per avere uno Stato, e quindi illegittimamente. Certo, come ogni Paese membro delle Nazioni Unite, Israele ha facoltà di invocare il diritto all'autodifesa sancito dall'articolo 51 della Carta delle Nazioni Unite, quando ve ne siano i presupposti: cioè quando si è attaccati da un altro Stato o quando vi sia l'autorizzazione del Consiglio di sicurezza ONU. Senza questi presupposti, l'uso della forza per fare la guerra è illegittimo. E l'uso della forza, nel caso di Gaza e del resto della Palestina occupata, è illegittimo: in quanto potere occupante, ci ricorda la Corte di giustizia, Israele non può attaccare militarmente la popolazione che occupa militarmente. Pura logica che si esprime nel diritto. (Ma, tra l'altro, il diritto a difendersi vale anche per i palestinesi, sì o no?)

Inoltre sembra che non si possa parlare della situazione attuale in Palestina senza partire dall'orrore del 7 ottobre 2023, quasi che i decenni di inenarrabili violenze commesse da Israele contro i palestinesi, prima di quella data – così come il dolore sofferto da civili israeliani in altre occasioni, per esempio durante l'ondata di attacchi suicidi della seconda intifada –, non contassero nulla.

Questa lettura selettiva della storia lascia intere generazioni in uno stato di trauma non solo irrisolto, ma continuo. Un trauma che si rinnova ogni giorno, nella negazione del valore della loro sofferenza e nel perdurare – anzi, nell'intensificarsi – della violenza stessa che quella sofferenza continua a provocarla.

La quasi totale mancanza di comprensione per i diritti dei palestinesi li rende spesso invisibili, nella vita e nella morte; costretti a una subalternità inevitabile rispetto alle logiche e alle pretese di Israele, uno Stato che, giorno dopo giorno, inghiotte sempre più terra di un altro popolo. E che, nonostante questo, riesce incessantemente a far discutere del proprio sacrosanto diritto a esistere. Lui, e lui soltanto. Ovunque voglia, come lo desideri, con tutti i mezzi che ritenga opportuni.

Il mondo contemporaneo lo ha dimostrato mille volte: quello che fa il colonialismo non è solo imporre il proprio dominio su un popolo, annientandone ogni possibile futuro, ma anche completare l'opera spazzandone via la memoria. Distruggere o minimizzare il ricordo e il dolore di un genocidio, o di altre atrocità, significa aggiungere un ulteriore mattone per impedire a chi è stato toccato da quel trauma qualunque possibile forma di guarigione.

Trovo quasi catartico che a parlare di questi argomenti con parole forti e limpide sia una persona come Gabor, che, in quanto ebreo, ha vissuto a sua volta gli effetti di un trauma storico e personale che gli ha lasciato segni emotivi per tutta la vita. Gabor oggi vive in Canada, come parte di una «società coloniale» su una terra che era abitata da altri popoli prima che arrivassero a insediarvisi gli europei, imponendo il proprio potere politico e forzando i popoli autoctoni all'assimilazione culturale alla propria lingua e ai propri canoni.

Non solo, quindi, ai popoli autoctoni è stato impedito il diritto all'autodeterminazione durante secoli di colonizzazione, ma si continua a impedire loro di preservare la propria memoria collettiva e culturale. Un genocidio, in senso lato, consiste anche in questo.

***

L'ultima volta che sono andata in Canada, a fine ottobre 2024, conoscevo già di fama Gabor Maté, ma non ci eravamo ancora incontrati. In quel momento, il mio corpo stava chiaramente somatizzando e manifestando molte fatiche e preoccupazioni. Dall'altra parte del mondo, in quei giorni, mia mamma, malata da anni, stava affrontando un periodo difficile. Il peso del duplice senso di colpa – non essere al suo fianco e lasciare il resto della mia famiglia d'origine a fronteggiare senza di me la situazione – si intrecciava con un improvviso problema di salute di mio marito. Ero emotivamente e fisicamente esausta, e come spesso mi succede nei momenti di sovraccarico mi è venuto un mal di schiena fortissimo, accompagnato da emicranie e nausea. Ricordo di aver trascorso tutto il viaggio in macchina tra Ottawa e Toronto tentando di meditare, di ridare ossigeno e calma alla mia schiena attraverso l'esercizio mentale, ma le energie a mia disposizione erano davvero pochissime. È in queste condizioni che, il giorno seguente, mi sono recata a incontrare una delegazione di accademici del Centre for Indigenous Studies dell'Università di Toronto.

In Europa o in Italia, pochi sembrano sapere che il Canada è stato teatro di un poderoso genocidio delle originarie popolazioni autoctone.

Dalla metà dell'Ottocento fino agli anni Novanta del Novecento, i governi canadesi hanno messo in atto politiche e pratiche sistematiche per sterilizzare le popolazioni autoctone o assimilarle forzatamente alla cultura dominante. L'assimilazione avveniva principalmente attraverso il sistema delle scuole residenziali, progettate per separare i bambini dalle loro famiglie, costringendoli a adottare la lingua e i valori europei. L'adozione da parte di famiglie non indigene serviva a recidere il legame con le radici, che fossero Inuit, Métis o First Nations. Molti di quei bambini hanno subito maltrattamenti, abusi fisici e sessuali, e tanti sono morti a causa delle condizioni di vita disumane. Recenti indagini e ricerche hanno portato alla luce fosse comuni e testimonianze che evidenziano l'orrore di queste politiche genocide. Tale processo ha avuto un impatto devastante sulle comunità autoctone, portando alla perdita di linguaggi, culture e identità, e ha lasciato ferite profonde che continuano ancora a influenzarle. Nel Canada di oggi, il genocidio è riconosciuto ma, sebbene ci sia un processo di riconciliazione in corso, la vera giustizia per gli indigeni di questa parte di Turtle Island (nome con cui molti gruppi etnici autoctoni, tra cui Irochesi e Anishinaabe, chiamano il Nord America) è ancora lontana. Occupandomi di Palestina, ho ritenuto che per me fosse d'obbligo, in Nord America, Australia e Nuova Zelanda, incontrare rappresentanti delle comunità indigene.

E dunque all'Università di Toronto, quel giorno, riunite attorno a un tavolo c'erano venti persone oltre a me e alla mia collaboratrice. Per qualche istante, c'è stato un certo imbarazzo: io non facevo parte di quel gruppo ed ero incerta su come avviare la conversazione e quale protocollo seguire. Come si fa il saluto? A chi spetta rompere il ghiaccio? Tuttavia, lo stato di indecisione è durato poco, perché la connessione che si è instaurata subito dopo, l'energia condivisa e l'apertura reciproca hanno trasformato quell'incontro in un'indimenticabile esperienza di comunità e compassione.

Questi studiosi mi hanno accolta nella conversazione recitando il loro benvenuto nelle lingue indigene: un'invocazione con parole di gratitudine rivolte prima di tutto alla natura, riconoscendo gli elementi. L'acqua, la terra, il fuoco, l'aria. È un modo di stare al mondo che disegna un orizzonte non antropocentrico, dove l'uomo è un filo nel vasto tessuto dell'esistenza, non il suo fulcro. Un modo di stare al mondo che ci restituisce proporzioni dimenticate, ci riporta a una saggezza antica con il suo simbolismo magico: una rivelazione che in questo momento storico ha il potere di sussurrarci verità da tempo sopite.

Un modo di stare al mondo che ci invita a vedere.

Aprendo l'incontro, uno degli *indigenous scholars*, che è anche musicista, ha iniziato a cantare. Un canto ancestrale, potente, che si faceva sempre più intenso, di quelli che ti scuotono dentro. E lì, in quell'aula universitaria, sembrava quasi che i vetri si mettessero a tremare. Era così forte, così carico di significato, che a un certo punto ho avuto quasi paura; ma era una paura sacra, perché non eravamo più semplicemente in una stanza: la sua voce ci aveva portati in un altro spazio, in un altro tempo.

Già in quel momento, ascoltando il canto, mi sono

distratta dal mio dolore. Era come se per un attimo oltre a me, con il mio corpo sofferente, ci fosse anche qualcos'altro, di più grande, che mi attraversava. Come un fiume. Poi loro hanno cominciato a passarsi del tabacco, ognuno ne prendeva un po' e lo lasciava riposare nel palmo della mano. Poco dopo mi hanno spiegato che questo serve ad assorbire il dolore. Era venuto a mancare un loro leader e quel gesto li aiutava a concentrarsi, a entrare in uno spazio di connessione profonda prima di parlare con altri. Stringevano quella pallina di foglie essiccate tra le mani, la caricavano di intenzione, e solo dopo hanno iniziato a raccontarmi le loro storie. Storie dure, pungenti. Molti discendevano da famiglie miste: perché, se non loro, uno o entrambi i genitori erano stati sottratti alle proprie case e assegnati a scuole o a famiglie adottive di bianchi canadesi. Bambini portati via dai genitori indigeni per spezzare il lignaggio, per annientare la trasmissione culturale, per cancellare l'identità.

Eppure, a una a una, quelle persone – così come le comunità autoctone a cui appartengono – si stanno riprendendo lo spazio per vivere la propria identità. Questo processo di liberazione in vista di una riaffermazione identitaria, culturale e politica non nasce oggi, ma ora sembra pulsare con una forza nuova. E ciò mi ha fatto riflettere in modo ampio su quello che sta accadendo a tutti e tutte noi.

Da qualche tempo avverto una crescente sensazione di rinnovamento un po' ovunque, come se stessero germogliando i semi di una rivoluzione che si prepara a insorgere contro l'insoddisfazione politica. Come avviene in un corpo malato, quando gli anticorpi si attivano per far sì che le cellule sane vadano in aiuto di quelle in difficoltà per combattere le malattie, i semi della resistenza, che reagisce e si mobilita di fronte alle ingiustizie, in alcuni Paesi, soprattutto occidentali, sono gli anticorpi di una società sana. Anche tra vari popoli della Terra c'è questa spinta, e la solidarietà dei popoli indigeni e di diverse nazioni nel mondo con la Palestina lo conferma. Purtroppo la crosta da scalfire è spessa. Antica.

Quel giorno gli studiosi mi hanno raccontato che il plesso dell'università nel quale ci trovavamo sorge su un fiume che per loro è sacro. «Questo cemento lo sta soffocando» dicevano. «Hanno distrutto gli alberi, ce li hanno tolti, ma noi ancora ne sentiamo la voce.» Si esprimevano con una consapevolezza acuta, era come se la terra parlasse attraverso di loro.

Tra gli accademici seduti intorno a quel tavolo ce n'erano alcuni che mi hanno colpito in maniera particolare. Una donna sui trent'anni ci ha raccontato di essere stata adottata da una famiglia ebrea sionista: questo le causava un doppio strazio, una lacerazione identitaria che non si colma facilmente. Un'altra donna indigena, minuta ma dalla presenza imponente, mi stava seduta accanto; lei ci ha raccontato di essere stata una *hidden child*, cioè una bambina che era stata nascosta per non essere sottratta alla sua famiglia d'origine: infatti parlava perfettamente la lingua della sua gente, che altri invece devono recuperare per tornare a farla propria. Al pari di lei, tutte le persone presenti in quella sala condividevano un legame fortissimo con la terra, così come una ferita, profonda, viva: un trauma che portano dentro e che non può guarire se non impegnandosi a preservarne la memoria.

A volte mi sembra che in molti Paesi occidentali sia difficile, per tante persone, capire davvero cosa sia il colonialismo di insediamento e cosa comporti. La maggior parte dei libri di testo su cui studiano i bambini italiani e occidentali in genere, per esempio, parla in termini assolutamente neutri – se non addirittura eroici – degli atti di violento colonialismo su cui si sono fondate le civiltà greche e romane sul suolo del nostro Paese, spazzando via interi popoli e cancellando il ricordo delle loro culture, delle loro lingue autoctone, di tutti i loro saperi. Passaggi che vengono dati per assodati, sui quali non si ritiene necessario portare l'attenzione. E lo stesso vale per il colonialismo più recente, quello cominciato con le caravelle guidate dal genovese Cristoforo Colombo: un evento, spesso romanticizzato come la «scoperta dell'America», che segnò invece l'inizio di un'era di colonizzazione e sfruttamento che portò alla morte di decine di milioni di indigeni in tutto il continente americano. Questi passaggi storici sono spesso trascurati, ma hanno avuto conseguenze devastanti e durature.

Perciò a volte mi chiedo come possiamo renderci conto

di cosa accade quando un popolo viene distrutto e un corpo collettivo viene smembrato e abbandonato senza riconoscimento, senza cura, provocando ferite interne, traumi che si incarnano e che potranno rimbalzare nel dolore di molte generazioni a venire, come spiega Gabor. Al tempo stesso, oggi sbocciano nuove consapevolezze, accompagnate da un impegno concreto. Come in Canada, anche in molti altri Paesi stanno nascendo o consolidandosi studi delle culture indigene e movimenti che coltivano la memoria, per ricucire e sanare queste ferite profonde.

***

Giusto qualche settimana prima di andare in Canada, avevo tenuto un evento pubblico a Washington, in una delle librerie della catena indipendente Busboys and Poets: spazi che ospitano da sempre voci ribelli, letteratura afroamericana, testi di resistenza, e che costituiscono veri e propri luoghi di controtendenza rispetto al mondo dei lobbisti che popola le vie della capitale degli Stati Uniti. Durante gli anni in cui, dopo aver lasciato la Palestina, vivevo a Washington, Busboys and Poets era uno dei miei rifugi. Frequentavo spesso quel posto, sia per seguire incontri, discussioni e presentazioni di libri, sia per concedermi una lettura e un caffè nei giorni di pioggia o di neve con Leila che, all'epoca infante, viaggiava dappertutto insieme a me nel passeggino.

Quella sera, al Busboys and Poets tra la Quattordicesima e V Street NW, c'era anche Hope, una donna appartenente al popolo Piscataway, uno dei tanti popoli indigeni sterminati dai coloni occidentali nel processo di formazione di quelli che sono oggi gli Stati Uniti. Hope ha introdotto la serata presentandosi come Firestarter, «colei che accende il fuoco», e portandoci le offerte del suo popolo e un saluto nella lingua lenape, che poi ha tradotto per noi. Il dialetto piscataway è andato perduto, ma la lingua lenape ne condivide radici comuni. Questa poesia è di Nora Thompson Dean – il suo nome lenape era Weènchipahkihëlèxkwe, «donna che tocca le foglie» –, che è stata tra le ultime parlanti fluenti del dialetto unami meridionale e ha dedicato la sua vita a documentare, insegnare e trasmettere le tradizioni spirituali e culturali del suo popolo, collaborando con studiosi e istituzioni per preservarle per le generazioni future.

Kuxëna Kishelëmienk,
wanìshi tili nkàski nipain yushe tali, òk wèmi weltëk
kèku ènta milian, wanìshi, mpi òk yu ènta kishux pèchi
òxekamakuna yushe xkwithakamika.

Milinèn weltëk tëmakàn tìlìch kàski ikalìchi pèchi
pètawsinèn yushe ènta xkwithakamika.
Punelìntàmainèn wèmi ènta ahchanilan òk ènta
ahchanaptunhe.
Wanìshi Nuxati, wètënëmai winëweokàn.
Na në lekèch.

Padre nostro che ci hai creati,
grazie perché posso stare qui in questo luogo, e per
tutte le cose buone che mi hai donato, grazie per
l'acqua e per il sole che splende su di noi su questa
terra.

Donaci una buona strada, affinché possiamo
continuare a vivere più a lungo qui su questa terra.
Perdonaci quando facciamo ciò che è sbagliato e
quando diciamo qualcosa di sbagliato.
Grazie, caro Padre, e accetta da me questa supplica.
Amen

È stato molto emozionante essere accolta così, e mi è sembrato istruttivo anche per le centinaia di persone che erano venute ad ascoltare il dibattito. È proprio questo che dobbiamo fare: cogliere ogni occasione per imparare a vedere meglio, a comprendere, a preservare e onorare la memoria di ciò che è scomparso, lottando al fianco di chi resiste, per aiutarci a lenire insieme le ferite dei popoli offesi.

L'unione di diverse lotte per l'autodeterminazione ancora incompiuta è un percorso che si costruisce con tanti atti, pratici e simbolici, di rottura col passato, che possiamo imparare a far entrare nel nostro vissuto quotidiano tutte le volte che ne abbiamo l'opportunità.

Come ho chiesto nei miei commenti d'apertura all'evento ospitato da Busboys and Poets: com'è possibile che da decenni ci si riunisca in Nord America per parlare della Palestina, senza mai coinvolgere i nativi che proprio in quelle terre hanno vissuto – e vivono tuttora – un'esperienza coloniale e di genocidio?

Dunque, qualche giorno dopo quell'incontro in libreria, quando mi sono trovata a presentare il mio rapporto alle Nazioni Unite, ho iniziato così il mio discorso: «Ci riuniamo oggi sulla terra della Piscataway Nation, che appartiene ancora a loro» e ho fatto il saluto alla terra che avevo imparato da Hope.

Mi ha stupito quanta poca importanza sia stata data a questo incipit del mio discorso. Per nessuno è stato particolarmente rilevante notare che in quel bel palazzo dove si tengono le riunioni ufficiali delle Nazioni Unite, con i suoi tanti piani e le sue imponenti facciate in vetro e acciaio che riflettono il cielo e la città circostante, qualcuno abbia detto: «Oggi ci ritroviamo su una terra appartenuta a un popolo – quello dei nativi d'America – che è stato vittima di un genocidio, commesso da uno dei membri permanenti del Consiglio di sicurezza». In quelle sale pulsava un contrasto palpabile tra la presunta eleganza del potere che si esprime attraverso la cementificazione, e la terra sottostante, segnata da stratificazioni di storia, sofferenza e lotte, che giace dimenticata.

Nessuno è libero finché non sono liberi tutti. *Tutti.* Tutti quelli che sono stati resi invisibili su questa Terra; tutti i popoli la cui memoria, tradizioni e cultura sono state ridotte a folclore; tutti quelli che ancora hanno la realizzazione della libertà dall'oppressione e dal bisogno solo come orizzonte e non come presente. In America esistono ormai musei sui nativi americani, come lo Smithsonian National Museum of the American Indian di Washington, in cui gli abiti tradizionali e la ricostruzione delle tende si trovano esposti insieme ai tipici copricapi fatti di piume e a riproduzioni in cera di scene di vita all'epoca in cui le tribù vivevano libere la loro vita immersa nella natura e circondata dai bisonti. Quanto alla storia, però, molto poco si evince dalle leggende che accompagnano le varie immagini storiche. Sembra quasi che i nativi americani si siano estinti da soli, e non a causa di una serie di politiche e azioni devastanti intraprese dalle colonie europee che si insediarono nel «Nuovo Mondo» a partire dal Sedicesimo secolo. Poi, dal Diciassettesimo, gli avamposti stabiliti dai coloni e la progressiva espansione dei loro domini per lo sfruttamento delle risorse naturali portarono a vari conflitti con le popolazioni autoctone, che spesso venivano costrette a cedere le loro terre. Le guerre e la diffusione di malattie europee, contro le quali gli indigeni non avevano difese immunitarie, contribuirono a un calo demografico drammatico. A questo si aggiunsero anche politiche di carestie e rimozione forzata, come la famigerata Trail of Tears negli anni Trenta dell'Ottocento, che portò allo sfollamento e alla morte di molti Cherokee e di altre tribù.

Anche se oggi tante tribù sono riconosciute a livello federale, la vita nelle riserve resta molto difficile. Dopo aver attraversato secoli di violenze e la distruzione di centinaia di tribù, le comunità native devono affrontare ancora oggi gravi problemi: l'accesso alle risorse naturali è molto limitato e il governo statunitense non ha mai riconosciuto ufficialmente il genocidio – o meglio, i genocidi – subito dai popoli nativi.

La mancanza di giustizia storica lascia i discendenti dei sopravvissuti in una condizione di fragilità, costretti a sfide quotidiane come povertà, disoccupazione e difficoltà di accesso ai servizi essenziali.

In Canada c'è un pezzetto di evoluzione in più rispetto agli Stati Uniti, visto che almeno lì il genocidio è riconosciuto. In tutti gli eventi pubblici è consuetudine affermare che ci si trova su terre appartenute a popoli nativi che non hanno mai rinunciato alla propria terra e alla propria cultura. Si rende omaggio a loro, ai loro antenati e ai loro leader, del passato, del presente e del futuro: ma bisogna fare attenzione che questo riconoscimento non sia solo performativo, e che ci sia un impegno vero per sradicare la discriminazione contro i nativi. Che non si faccia il tributo in pubblico ma poi continuino le politiche di sottrazione di terra e risorse, come avviene in Canada, ma anche in Australia e Nuova Zelanda. E in Palestina.

Quando penso all'introduzione che ha fatto Hope al nostro incontro da Busboys and Poets, temo ciò che potrebbe accadere in Palestina se il piano dell'attuale governo israeliano, sostenuto dall'amministrazione Trump, dovesse realizzarsi. Tra quarant'anni, qualcuno potrebbe trovarsi in un luogo un tempo noto come Palestina, magari in un'aula universitaria intitolata a Donald Trump, a offrire un tributo «ai palestinesi, antichi abitanti di questa terra», quando della Palestina ormai non saranno rimaste che le spoglie.

Ecco perché è così importante lottare tutti insieme per capire, conoscere, preservare la memoria e difendere chi resta.

È per questo che i diritti umani svolgono una funzione di bilanciamento quasi terapeutica: ci ricordano che anche noi siamo umani, nonostante ci si possa trovare dalla parte del potere. Sappiamo bene che, per sua natura, l'essere umano è vulnerabile, complesso, fratturato. E questa fragilità inevitabilmente si riflette anche nel colonizzatore, nel quale spesso è possibile ritrovare un po' del dramma del colonizzato. Come non ricordare la tragedia che colpì l'Irlanda a metà dell'Ottocento, quando in poco meno di cinque anni circa un milione di irlandesi furono uccisi dalla fame, dal tifo e dal colera, mentre quasi due milioni furono costretti all'emigrazione? Oggi, tra i discendenti di quei migranti c'è il 20 per cento della popolazione bianca americana, e questo ci dice che, mentre gli irlandesi cercavano di ricostruire la loro vita in America, a loro volta contribuirono, consapevolmente o inconsapevolmente, al sistema coloniale esistente nella regione nordamericana.

***

Ricordo quando ho visto per la prima volta *Avatar*, a Gerusalemme. Sono uscita dalla sala con un pensiero chiarissimo: «Che svolta per la Palestina, questo film!». In quella storia c'era tutto: l'invasione, l'estrazione delle risorse, la connessione con la terra, la resistenza, l'ancora della spiritualità per il popolo oppresso.

Fuori dal cinema, mi colpì molto notare che tanti israeliani uscissero piangendo. Ci misi un po' a capire, ascoltando e scambiando chiacchiere con gli astanti, che non piangevano per ciò che avevo visto io, ma perché si sentivano parte anche loro del popolo Na'vi. Si identificavano con i perseguitati, con quelli che vengono cacciati dalla propria terra da una forza militare invincibile e sovrumana.

Questo mi ha aperto gli occhi sul fatto che, in virtù delle persecuzioni subite per secoli in Europa e Russia, tanti israeliani portano con sé un certo tipo di memoria del dolore, proprio come quella di cui parla Gabor Maté: una forma di dissociazione emotiva che può essere anche inconscia, ma che lascia comunque delle tracce. Che sia reale o proiettata, resta nel corpo, nel linguaggio, nell'immaginario. La comprensione di questa complessità per me rende molto meno banale, meno piatta, tutta la situazione che stiamo vivendo.

Quando le persone vengono chiamate all'impegno a favore dei diritti umani, penso che debbano farlo appunto da una posizione *umana*, radicale: ma anche radicalmente aperta, dove sicuramente ci possono essere atti giusti e sbagliati senza bisogno di separare i «buoni» dai «cattivi». Dunque, è possibile abbracciare tutti come esseri umani. *Tutti.*

C'è qualcosa di profondamente distorto in chi non riesce a riconoscere l'umanità dell'altro.

Per molti israeliani, questo significa non riuscire o non voler vedere nei palestinesi degli esseri umani. E lo stesso vale, al contrario, per chi tra i palestinesi fatica a riconoscere l'umanità degli israeliani.

Per fortuna, anche se sono ancora pochi, ci sono cittadini israeliani ed ebrei della diaspora che si battono fortemente per i diritti dei palestinesi. È proprio questo il senso del motto «*decolonize your mind*»: decolonizzare la mente significa abbattere confini e barriere, fare del nostro meglio per liberarci, da entrambe le parti, delle sovrastrutture che ci impediscono di restare in contatto con ciò che di più umano e vero abbiamo in comune, su questa Terra che condividiamo e che, in fondo, è l'unica cosa che davvero conta.

«La grande madre non prende le parti di nessuno» dice Neytiri in *Avatar*. «Lei protegge soltanto l'equilibrio della vita.»

Preservare l'umanità dell'altro, impegnarsi per continuare a vederne l'unicità senza normalizzare e senza appiattire, significa di per sé contribuire alla lotta contro il genocidio. Tutti i colonizzatori e tutti gli strumenti di genocidio operano non solò uccidendo materialmente le persone, ma anche cancellando l'identità di un popolo.

Qual era il senso del numero che le persone portavano tatuato addosso nei campi di concentramento, se non questo? All'interno di quello spazio il loro nome non era più significativo, e una parte della lotta per la sopravvivenza consisteva nel prezioso atto di riuscire a ricordarsi chi erano e chi erano state, preservando il senso di ciò che è più alto nell'essere umano perfino di fronte a qualcosa che dimostrava loro il contrario.

Cordelia Edvardson, deportata a quindici anni a Theresienstadt e poi ad Auschwitz con il numero A3709, e in seguito corrispondente per decenni da Gerusalemme di uno dei principali quotidiani svedesi, nonché una delle prime voci ebree a denunciare le atrocità commesse dallo Stato di Israele nei confronti del popolo palestinese, ha parlato della sua esperienza all'interno del lager nel libro *La principessa delle ombre*. Dai suoi racconti che rievocano i ricordi di una ragazzina, poco più di una bambina, emerge in modo chiarissimo quanto sia stato fondamentale per lei aggrapparsi alla cultura, alla conoscenza, alla poesia per continuare a vedere se stessa come un essere umano nel senso vero e nobile di questo termine. Allora la storia di Demetra e Proserpina – la principessa che, come il seme, entra nelle ombre della terra per poi sbucare fuori al tempo giusto con il suo fiore e il suo frutto – non è solo un mito bellissimo, ma una promessa di rinascita che nutre il cuore ricordandoci chi siamo, chi possiamo essere.

Anche l'organizzazione degli scrittori palestinesi emergenti di We Are Not Numbers nasce dalla consapevolezza che nei teatri di guerra e sterminio le vittime si espongono a moltissimi rischi, compreso quello della perdita dell'identità sotto valanghe di dati statistici, di conteggio di morti, che in posti come Gaza, da sempre, sono ciclici. Le vittime finiscono per non avere più volti, storie, nomi; diventano numeri nei bollettini di guerra a cui, giorno dopo giorno, le persone sembrano assuefarsi.

Nel 2015, in una Gaza già segnata dall'assedio, il poeta Refaat Alareer, che ha sempre creduto nel potere della parola come forma di resistenza e di cura, ha voluto ribaltare questa logica insegnando letteratura, poesia e aiutando tanti giovani di Gaza attraverso il potere della scrittura creativa. Insieme ad altri attivisti, scrittori e organizzazioni, Refaat era molto impegnato a sostenere We Are Not Numbers, con l'obiettivo di restituire alle vittime e ai sopravvissuti di ogni crimine israeliano a Gaza, dall'assedio alle troppe guerre, la dignità della narrazione. Attraverso laboratori di scrittura, molti ragazzi palestinesi hanno potuto raccontare la loro vita, i loro sogni, ciò che avevano perso e quella parte di speranza che rimaneva, per affermarsi come esseri umani completi, al di là delle etichette e dei numeri della cronaca.

Refaat Alareer è stato ucciso in un bombardamento israeliano il 6 dicembre 2023, insieme a suo fratello, sua sorella e quattro bambini. L'ultimo video che ci resta di questo professore che amava Shakespeare, che aveva imparato l'ebraico e teneva come punto fermo della sua missione nei confronti degli amici e dei suoi studenti la necessità di riumanizzare gli israeliani, dura meno di un minuto. Refaat è visibilmente sconvolto e lotta con le lacrime, ma riesce a tenere la voce salda e limpida mentre dice queste parole: «Siamo consapevoli che la situazione è nerissima, senza speranza, senza via d'uscita. Se non c'è acqua, se non possiamo uscire da Gaza, cosa dovremmo fare? Buttarci tutti a mare e annegare? Commettere un suicidio di massa? È questo che vuole Israele? Be', non lo faremo. L'altro giorno dicevo ad alcuni miei amici: io sono un accademico, probabilmente l'oggetto più pericoloso che tengo in casa è un pennarello. Ma se gli israeliani ci invadono, se entrano casa per casa per massacrarci, io quel pennarello lo userò, glielo lancerò contro, fosse pure l'ultima cosa che riesco a fare nella mia vita. È così che ci sentiamo tutti: in uno stato di assoluta impotenza, senza più nulla da perdere». Pochi giorni dopo è morto. Aveva quarantaquattro anni.

Oggi lo possiamo ricordare diffondendo, ciascuno come può, la conoscenza di quello che sta accadendo al popolo palestinese, perché la conoscenza è cruciale e la memoria è indispensabile in ogni processo di guarigione, come ci insegna Gabor Maté.

Lo possiamo ricordare con un brano tratto dalla prefazione a un libro in cui Refaat ha raccolto i racconti di tanti ragazzi e ragazze palestinesi, che si intitola *Gaza Writes Back*. Non *Strikes Back*, non *Fights Back*, ma *Writes Back*. Gaza risponde scrivendo. Alle atrocità subite si può reagire anche con l'arma di un racconto, o di un pennarello.

> *Gaza Writes Back* perché la narrazione di storie aiuta a costruire l'identità e l'unità nazionale palestinese. *Gaza Writes Back* perché c'è una Palestina che ha bisogno di essere recuperata, almeno per iscritto, allo stato attuale. Gaza racconta storie perché basta l'arco narrativo di un racconto breve per parlare della Palestina. Gaza narra perché la gente non dimentichi. *Gaza Writes Back* perché il potere dell'immaginazione è un modo creativo di costruire una nuova realtà. *Gaza Writes Back* perché scrivere è un obbligo nazionale, un dovere verso l'umanità, e una responsabilità morale.

Tutti i palestinesi, e non solo, amano ricordare Refaat con degli aquiloni bianchi: un tributo alla sua poesia *If I Must Die*.

> Se dovessi morire,
> tu devi vivere
> per raccontare
> la mia storia

per vendere le mie cose
per comprare un po' di carta
e qualche filo,
per farne un aquilone
(fallo bianco con una lunga coda)
cosicché un bambino,
da qualche parte a Gaza,
guardando il cielo
negli occhi
in attesa di suo padre che
se ne andò in una fiamma
senza dare l'addio a nessuno
nemmeno alla sua stessa carne
nemmeno a se stesso
veda l'aquilone, il mio
aquilone che tu hai fatto,
volare là sopra
e pensi per un momento
che un angelo sia lì
a riportare amore.
Se dovessi morire,
fa' che porti speranza
fa' che sia un racconto!

Conclusione

Il vizio della speranza

Cammino fiero,
cammino a testa alta.
Porto in mano un ramo d'ulivo
e il corpo sulle mie spalle
e cammino, e cammino.
Il mio cuore è una luna rossa
il mio cuore è un giardino
pieno di bacche e basilico.
Le mie labbra sono un cielo che gronda
a volte fuoco,
a volte amore.
Porto in mano un ramo d'ulivo
e il corpo sulle mie spalle
e cammino, e cammino.

SAMIH AL-QASIM

È quando il mondo dorme che si generano i mostri.

Di mostri ne abbiamo già parecchi, tra noi. Prima di tutto, la nostra indifferenza.

Come dice Mariame Kaba, educatrice e attivista afroamericana, la speranza è una disciplina. E io mi permetto di aggiungere che la speranza può, e dovrebbe, diventare anche una predisposizione, un'abitudine: qualcosa che consideriamo indispensabile e a cui siamo così tanto legati da non riuscire a farne a meno, al di là di ogni logica o ragionamento.

Anche se farlo non sempre è facile come dirlo.

Febbraio 2025. Rientro a casa, a Tunisi, dopo una difficile esperienza in Germania. Tra la paura di essere arrestata, e dover quindi rimanere per chissà quanto tempo lontana dalla mia famiglia, e la consapevolezza della gravità di ciò che sta accadendo in Europa, sentivo un'agitazione interiore che non credo di aver mai provato prima. Mi sembrava di essere in uno stato di stress post-traumatico, e forse lo ero davvero. Fatto sta che avevo i nervi a fior di pelle, scattavo per tutto, mi sono ritrovata a litigare con i miei figli, ad alzare la voce per delle stupidaggini. Non ero io. I miei stessi familiari mi guardavano senza vedermi, senza trovarmi.

Poi è successa una cosa molto particolare. Mentre mio marito aveva preso i bambini e li aveva portati fuori per una passeggiata e io continuavo a camminare in casa come un leone in gabbia cercando di ritrovare la calma, un piccolo libro ha attirato la mia attenzione mentre passavo davanti alla libreria della mia stanza da letto. *La pace è ogni passo*, del monaco vietnamita Thich Nhat Hanh.

Senza neanche rendermene conto, ho iniziato a sfogliarlo e sono rimasta folgorata, come se improvvisamente quelle pagine avessero preso a parlarmi. Se lo leggessero, probabilmente tanti dei miei amici più cari non capirebbero il mio entusiasmo, visto che usa un linguaggio talmente semplice, essenziale, da poter essere forse confuso con un contenuto semplicistico. Invece per me quelle parole sono andate a segno proprio perché erano così limpide e mi parlavano di qualcosa che in quel momento era al contempo infattibile e necessario: l'idea di riportare *dentro di me* quella pace per la quale mi batto tutti i giorni. Ricordarmi che prima di tutto il cambiamento lo devi *essere*, se vuoi farlo, e che non puoi cambiare nulla se in qualche modo non cambi te stesso; che non puoi lavorare alla pace nel mondo se prima di tutto non hai la pace interiore, se non sei un autentico costruttore di pace.

Si tratta di un concetto a me abbastanza consueto e perfino caro, almeno in teoria. Infatti, leggendo quel libro, mi è tornato in mente un intervento che avevo fatto nel 2023 in apertura della Marcia della pace ad Assisi, dove ero stata invitata dai costruttori e dalle costruttrici di pace e avevo detto più o meno proprio questo: «Se non cominciamo da noi, che cosa ci resta? La pace si costruisce con la pace, non pensando alla guerra, quindi dobbiamo cambiare il modo in cui viviamo e vediamo le cose. Perché ai ragazzi si insegna *conflict management* invece di *restoring peace*? Perché i conflitti vanno gestiti anziché evitati? Cos'è successo alla diplomazia? Dov'è finita?».

Ma portare la pace nella nostra vita di tutti i giorni, far diventare quella speranza il nostro vizio, è la più grande delle sfide: e in questo – come spiega molto bene il piccolo libro che provvidenzialmente ha catturato la mia attenzione in quella giornata difficile – non c'è e non ci può essere alcuna distinzione tra il nostro fare politica e il nostro vivere in questo mondo.

Le parole di Thich Nhat Hanh mi hanno fatto riflettere moltissimo. Com'erano i passi con i quali stavo calpestando il pavimento del mio soggiorno, in quel preciso momento? Con quanta rabbia, con quanta violenza stavo battendo con i piedi la terra che mi sostiene? Per la prima volta dopo molti, troppi giorni, mi sono ricordata della mia pratica yoga e ho fatto un vero, grande respiro. Mi sono lasciata andare con le spalle sul divano, ho socchiuso gli occhi per un momento e poi ho ripreso a leggere.

> Quando vivevo in Vietnam, buona parte dei nostri villaggi fu bombardata. Insieme ai fratelli e alle sorelle della mia comunità monastica dovetti decidere cosa fare. Dovevamo continuare a praticare nei nostri monasteri, o lasciare le sale di meditazione per aiutare le vittime dei bombardamenti? Dopo un'attenta riflessione, decidemmo di fare entrambe le cose: uscire allo scoperto per aiutare la gente e farlo restando consapevoli. Lo chiamavamo «Buddhismo impegnato». La consapevolezza dev'essere impegnata. Dopo aver visto, bisogna agire. Altrimenti, a cosa serve vedere? Dobbiamo prendere coscienza dei problemi che affliggono il mondo. Allora, questa coscienza ci aiuterà a capire cosa fare e cosa non fare per renderci utili. Se conserviamo l'atten-

> zione al respiro e continuiamo a praticare il sorriso anche nei frangenti difficili, molte persone, animali e piante trarranno vantaggio dal nostro modo di agire. Massaggiate la nostra madre terra ogni volta che la toccate con i piedi? State piantando semi di gioia e di pace? Io cerco di farlo a ogni passo, e so che la madre terra lo apprezza moltissimo. La pace è ogni passo. Siamo pronti a continuare il viaggio?

La pace è anche consapevolezza (*mindfulness*): essere consapevoli di quello che si sta facendo in qualsiasi momento. Quando mangiamo, quando ci muoviamo, quando pensiamo, quando stiamo con i nostri figli. Quante volte perdiamo la presenza, in ogni azione della nostra giornata? Quante volte corriamo inutilmente o ci lasciamo distrarre da qualcosa che apparentemente è più importante rispetto a ciò che stiamo facendo? Ecco le domande a cui mi riportava quel piccolo libro, invitandomi anche semplicemente a concedermi il tempo per qualche respiro senza affanno, portando l'attenzione sull'aria che entra ed esce dal mio corpo.

In quel momento mi è tornata in mente una serata di qualche anno fa, in cui mi trovavo a Roma per partecipare a una conferenza. In quel periodo – era il dicembre 2023 – il genocidio era già in corso e di fronte all'esternazione della mia paura, quando ho detto: «Un giorno in Palestina ci sarà la pace, ma a che prezzo? Sono terrorizzata da quanto verrà dopo, perché, con tutto ciò che i palestinesi stanno subendo in Cisgiordania e a Gaza, non oso immaginare la violenza che si potrà scatenare contro gli israeliani», un uomo dal pubblico ha alzato la mano chiedendo la parola.

Era Wasim Dahmash, un professore italo-palestinese, docente di Storia all'Università La Sapienza, che mi ha risposto: «No. Non ci sarà nessuna violenza. Se tutto questo si ferma, quando si fermerà, se non ci sarà più violenza, non ci sarà altra violenza. Perché noi palestinesi non siamo sostenuti da sete di vendetta, ma di giustizia. Dal '48 a oggi abbiamo cercato, com'era anche prima, di tornare in Palestina, e di vivere in pace. Ed è chiaro che ci sono state reazioni all'oppressione, azioni di resistenza, quando proprio il vaso era stracolmo. Ma la maggior parte dei palestinesi non ha mai preso parte ad azioni violente contro gli israeliani. Per quasi tutti noi, essere religiosi non significa essere bigotti, significa invece avere Dio dentro, cioè l'amore per la vita, onorando sia quello che resta sia quello che se n'è andato come qualcosa che va portato in questa vita, e non come qualcosa per cui si possa voler morire».

Per me è stata una rivelazione importantissima, che mi ha permesso di capire che anche lì, a quella conferenza, senza neanche rendermene conto avevo portato la mia lente da occidentale abituata a pensare in termini di legge del taglione. Le parole di quel docente saggio invece mi hanno rassicurata, e mi hanno anche insegnato qualcosa di importante sul senso della speranza.

Qualcosa che spero di aver trasmesso anche a chi ha letto questo libro, dando spunto per pensare che ciascuno di noi può farsi portavoce e portatore di quella speranza, imparando un giorno dopo l'altro a adottarla come una postura, un vizio buono di cui non si può più fare a meno.

Puoi essere un giornalista, un panettiere, un avvocato: non importa quello che fai, ma *come* lo fai, come ti porgi. Perché – come scrive Thich Nhat Hanh – a cosa serve vedere, se non ad agire?

Quindi mi auguro che chiunque leggerà queste pagine, ora che ha incontrato le persone che mi hanno insegnato ad aprire gli occhi per vedere con più chiarezza e ad agire per la Palestina, porterà con sé l'idea di poter essere luce, sempre, in qualsiasi angolo della Terra.

Francesca Albanese,
marzo 2025

Ringraziamenti

All'inizio di questo libro avevo detto di aver scelto dieci persone come perno per i miei racconti, visto che da ciascuna di loro ho imparato qualcosa di essenziale sulla Palestina. La prima è Hind; il secondo è Abu Hassan; il terzo è George; il quarto è Alon; la quinta è Ingrid; il sesto è Ghassan; il settimo è Eyal; l'ottava è Malak; il nono è Gabor.

Il decimo è Max. Il mio compagno di vita, la persona con cui ho messo piede per la prima volta in Palestina e quella assieme a cui la Palestina ho deciso di lasciarla, tre anni dopo. Ma la Palestina è così: tu puoi anche scegliere di lasciarla, ma per chi c'è stato, l'ha vista e l'ha vissuta, sarà lei a non lasciare te. La mia vita ne è la prova.

Nei primi tempi, quando ci siamo trasferiti a Gerusalemme, io e Max viaggiavamo molto, continuavamo a spostarci alla ricerca della comprensione di quella terra e, paradossalmente, era come se non ne vedessimo i confini. Girando sulle tracce della Palestina storica, in quel periodo iniziale siamo stati a Nazareth, abbiamo visitato la Galilea, la zona della costa, da Haifa a Giaffa, e poi il sud, il deserto. Tutto questo oggi è parte dello Stato di Israele. Muovendoci in quella terra, abbiamo imparato a familiarizzare con le sue ferite. Ferite evidenti, scolpite nella pietra. La domenica andavamo insieme a camminare nella foresta attorno alla città, sulle colline che circondano Gerusalemme, anche queste oggi parte di Israele. Il bosco sotto cui si trova il villaggio di Ein Karem, con le sue casette quadrate di pietra immerse tra alberi di agrumi e gelsomino. In quelle passeggiate abbiamo conosciuto meglio tanti amici che sono rimasti con noi per un lungo pezzo di vita, e lì abbiamo cominciato a capire cosa intendessero i palestinesi quando dicevano: «Anche le pietre qui raccontano la nostra storia». Camminando nella foresta, per esempio, capitava sovente di imbattersi in ruderi di case, frammenti di muratura. Erano i resti dei villaggi arabi che furono spopolati e distrutti durante la Nakba, nel 1948, e su cui sono stati piantati tappeti di alberi. Molti sono il dono degli ebrei della diaspora allo Stato di Israele, che si proietta nel mondo come un faro, un focolaio, per tutti gli ebrei.

Abbiamo scoperto quella terra a poco a poco; e qualche tempo dopo che avevamo preso casa a Gerusalemme Est sono iniziate le proteste a Sheikh Jarrah, proprio nella zona dove noi vivevamo, su una collinetta in una parte tanto bella quanto disastrata della città. Ma tutta Gerusalemme Est è disastrata, con i palestinesi che pagano tasse altissime, ma in cambio ricevono servizi minimi; raccolta rifiuti, elettricità ammontano solo al 13 per cento di ciò che versano; anche noi pagavamo una tassa municipale elevatissima. Attorno e di fronte a noi vivevano tante famiglie palestinesi, come quella del nostro amico George, e molti sono stati cacciati via dalle loro case letteralmente davanti ai nostri occhi. Intanto arrivavano i coloni, supportati dalle organizzazioni come Ateret Cohanim, Elad-Ir David Foundation, Israel Land Fund, che avviavano vere e proprie battaglie legali contro i residenti palestinesi, presentando titoli di proprietà di dubbia autenticità risalenti all'Impero ottomano. Eppure i tribunali israeliani li hanno accettati, quei titoli, permettendo di sfrattare i palestinesi che non avendo altri posti dove andare sono finiti nelle casette costruite dall'UNRWA, l'Agenzia delle Nazioni Unite per i rifugiati, su un terreno che dal 1949 al 1967 è stato amministrato dai giordani. Abbiamo visto scene drammatiche: famiglie cacciate anche in piena notte dalla polizia che gettava fuori cucine, tavoli, letti. Alcuni israeliani sono accorsi per protestare, ma erano pochissimi. I palestinesi, dal canto loro, non volevano semplici proteste, ma azioni concrete, soprattutto da parte degli israeliani ebrei: quelli che votano. Da quelli che i diritti in Israele li hanno, e non possono pensare che basti limitarsi a protestare una volta a settimana coi tamburelli e gli striscioni, a Sheikh Jarrah. Questo dicevano apertamente i palestinesi che si rifiutavano di unirsi, nel 2010, a quelle proteste. Così, anche noi ci eravamo trovati coinvolti dal fragore delle manifestazioni, a cui Max partecipava attivamente (io no, il lavoro con le Nazioni Unite me lo impediva). Ed è così che Max ha conosciuto tanti pacifisti di Tel Aviv: con alcuni di loro siamo rimasti amici, anche se ormai è diventato impossibile rivederci.

Dopo anni che ci conoscevamo e parlavamo di tante cose, è lì a Gerusalemme che ho visto emergere pienamente e mettere in pratica lo spirito politico e battagliero di Max. Mi ha colpito questo aspetto di lui, perché si è dimostrato uno che si butta nelle cose in prima persona, con il suo intelletto raffinato, da pensatore integro, prima di tutto. Provava nei confronti dell'ingiustizia la mia stessa intolleranza, infatti andava spesso con gli israeliani di Ta'ayush, un'organizzazione che si occupa di fare interposizione tra coloni e palestinesi in Cisgiordania, accompagnando fisicamente i palestinesi nelle loro attività quotidiane – come coltivare la terra o portare al pascolo gli animali –, in modo da proteggerli da aggressioni, documentare eventuali abusi e fare da deterrente alla violenza. Spesso, di venerdì, si univa a loro, oppure partecipava alle proteste a Ni'lin e Bil'in. Un giorno è tornato da una visita a un uliveto con un cesto carico di palle di gomma nere. Non avevo mai visto niente di simile: erano lacrimogeni esplosi, che l'esercito israeliano aveva lanciato addosso ai manifestanti. «Si avvicina il Natale. Ci decoriamo l'albero» mi ha detto con il suo solito fare sbeffeggiatore.

Max potrebbe scrivere un libro soltanto sugli anni che abbiamo trascorso a Gerusalemme, sulla sua esperienza con il movimento di resistenza pacifica israeliana. Lui vedeva in quel movimento il germe imprescindibile di qualcosa destinato a viaggiare per un po' su due binari separati e paralleli, uno per i palestinesi e uno per gli israeliani, che avrebbero avuto ancora un pezzo di strada separata da fare prima di fondersi insieme. Troppo alto, per molti israeliani, il privilegio a cui rinunciare per poter accogliere anche i palestinesi come popolo libero.

Della vita a Gerusalemme ricordo momenti bellissimi. Avevamo tanti punti di riferimento in città: il nostro falafel preferito, l'Educational Bookshop dove Max aveva conosciuto George e ancora adesso i proprietari si ricordano di mio marito, perché faceva le riunioni online al piano di sopra e quando parlava lui si sentiva solo la sua voce! Eppure il periodo a Gerusalemme è stato davvero pesante per me. Mi costava molto vivere immersa nell'apartheid. Gerusalemme, così come il resto della Cisgiordania, è una città distopica.

Ogni volta che qualcuno veniva a trovarci, finivamo per ripercorrere il calvario dell'occupazione. Dove li portavamo, i nostri ospiti? Non certo a Tel Aviv o Nazareth. No, li portavamo a vedere l'epicentro dell'occupazione: Gerusalemme, la città vecchia e la parte tagliata fuori dal muro, Betlemme sfregiata dal muro, Hebron invasa dai coloni violenti, i beduini sfollati ovunque dalla Valle del Giordano, e poi Nablus, Jenin, Tulkarem, il campo di Balata. Quanti, dei nostri amici e parenti venuti a trovarci, hanno cambiato idea su Israele e Palestina... C'è stato qualcuno che è arrivato con opinioni abbastanza schierate a priori, in difesa di Israele a oltranza e senza nessuna simpatia per i palestinesi, visti come facinorosi e «terroristi». Nessuno è tornato in Italia con la stessa opinione nei confronti di Israele. Alcuni tra i nostri amici hanno avuto vere e proprie reazioni isteriche: «Ma a me che me ne frega di venire a Hebron? Non sono venuto qui per vedere questi mostri! Ma perché mi porti dove ci sono tutti questi soldati! Io ho paura, in mezzo a tutta questa gente armata! Ho paura! Voi non siete normali!».

Dopo un paio di scene simili, a un certo punto abbiamo un po' ridotto il traffico di persone che portavamo in giro nei luoghi nevralgici dell'occupazione. Però io e Max abbiamo continuato a visitare la Palestina. Abbiamo persino trovato le nostre nicchie di sollievo, anche tra le pieghe della colonizzazione in atto. Per esempio, Sebastia, un piccolo villaggio arroccato tra le colline della Cisgiordania, a pochi chilometri da Nablus. Arrivando, si apre davanti agli occhi un paesaggio punteggiato da colonne romane, resti di templi, un anfiteatro nascosto tra gli ulivi, una basilica crociata ormai in rovina e al centro del villaggio, tra le case in pietra, quella che secondo la tradizione dovrebbe essere la tomba di Giovanni Battista. Quel posto per noi magico era il nostro rifugio, con le rovine romane e la città vecchia in gran parte recuperata da una coppia italo-palestinese di architetti, che ne aveva fatto la prima forma di ospitalità diffusa che io e Max avessimo mai visto. Ricordo la guest house e la casina dove si tenevano corsi di mosaico, immersa nel cuore del piccolo villaggio. I residenti palestinesi non potevano fare granché, perché tutta la zona era sotto il controllo degli israeliani, che non permettevano né piani di sviluppo né di recupero, però la parte del paesino gestita dai palestinesi era stata trasformata in una rete di casette accoglienti, un'avanguardia della resistenza imprenditoriale. Lì abbiamo fatto il nostro ultimo viaggio prima di lasciare la Palestina. Io ero incinta di Leila di cinque mesi.

Adesso, quando penso a Sebastia, mi si stringe il cuore, perché gli israeliani la stanno distruggendo.

Ricordo anche l'offensiva israeliana nella Striscia di Gaza, nel 2014, nella quale morirono duemila persone, tra cui oltre cinquecento bambini. Eravamo a Washington. Io passavo le ore con Leila stretta al petto, a leggere le notizie che arrivavano da Gaza. Quanti colleghi dell'UNRWA uccisi, quanta distruzione! Ci sembrava una cosa inimmaginabile, all'epoca. E proprio in quei giorni fu Max a spronarmi a dire di sì alla proposta che il mio ex collega Lex Takkenberg mi faceva da ormai due anni: scrivere insieme a lui un nuovo libro sui rifugiati palestinesi. «Non ti preoccupare» mi diceva Max. «Se trovi i finanziamenti, bene. Se no, pazienza. Dedicati a una cosa che sia utile, che serva. Perché è davvero importante capire meglio la questione dei rifugiati palestinesi.»

Ero piena di dubbi, ma è stato allora che mi sono detta: "Sai che c'è? Fammici pensare un attimo. Effettivamente io non lo so come si scrive un libro, ma lo capirò, lo imparerò".

In quel periodo Max mi ha supportata tanto, e anche durante la preparazione del libro, quando, con la mia attitudine un po' ossessivo-compulsiva, mi sembrava di non riuscire più a mollare quella creatura che cresceva insieme ai miei bambini prendendomi così tanto tempo e spazio, un'enorme quantità di energia mentale. Molto di quel libro è stato scritto tra Washington e l'Indonesia. I nostri amici scherzavano: «È più facile vedere Francesca senza i suoi figli che senza il suo computer».

C'è da dire che non sono mai stata molto brava a mettere dei confini tra il lavoro e la vita privata, e gli argini si sono completamente rotti quando ho cominciato il mandato di Relatrice speciale ONU nel 2022.

All'inizio è stato davvero difficile per la nostra vita familiare. Fino a quel momento, e pur avendo un lavoro impegnativo che mi portava anche a viaggiare spesso, mi ero sempre fatta carico io della gestione dei bambini – dalla scuola ai pigiami –, della casa e delle cose in comune, dalla spesa alle vacanze. Improvvisamente non ero più in grado di occuparmi di molto, al di là di me stessa.

La prima estate, che abbiamo trascorso in Sicilia, l'ho dedicata al rapporto sull'autodeterminazione, rifugiandomi a scrivere sulla terrazza del Lido dei Ciclopi mentre Max e i bambini facevano il bagno e si godevano le coccole di parenti e amici; anche la seconda estate è stata simile, con le interviste ai bambini palestinesi in vista del report sull'infanzia.

E poi è arrivato il 7 ottobre, che si è portato via il mondo come lo vedevamo e vivevamo prima, completamente e all'improvviso. Per la prima volta eravamo riusciti a prenderci tre giorni di vacanza con i bambini in un resort vicino a Tunisi, dopo la consegna del mio rapporto sui minori. Ero appena rientrata da Londra, dove avevo tenuto una lectio importante per il ventennale della morte di Edward Said (quello per cui avevamo scelto una locandina illustrata da Malak Mattar, la stessa artista autrice del dipinto sulla copertina di questo libro). Ricordo quella mattina dal sapore raggelante, in cui fummo svegliati da telefonate incessanti che ci costrinsero a tirarci giù dal letto e smanettare con il telecomando per collegarci ad Al Jazeera. Davanti alla televisione, alle sei del mattino, cercando di capire cosa fosse accaduto, tutti e due eravamo ammutoliti.

«Ma che hanno fatto? Quante persone... Quanti bambini hanno ammazzato?» Di quelle prime ore ricordo lo shock brulicante nell'assenza di comprensione piena di quello che stesse accadendo, la paura per quello che era e che sarebbe stato, le suppliche perché Max portasse via i bambini dalla stanza. Alle nove avevo ripreso il controllo della situazione, ero al telefono senza sosta e avevo cominciato a rispondere alle richieste dei giornalisti. Le prime frasi pronunciate in quei giorni, che sento ancora riecheggiare pesantemente dentro di me, furono: «Spero che il mondo riesca ad abbracciare israeliani e palestinesi con spirito di compassione e buon senso. Possano entrambi ritrovarsi in questo momento di dolore acuto e comprensione del trauma dell'altro». Nessuno, nello spettro politico, le ha accolte, purtroppo.

Intanto, Max e io abbiamo continuato a vivere tutto insieme, incluso ciò che riguardava la Palestina.

Durante quest'ultimo anno e mezzo – l'epoca del genocidio – Max è cambiato ancora, mettendosi completamente alla guida della famiglia e diventando il mio supporto numero uno. È vero, all'inizio mi arrivava qualche frecciatina del tipo: «Guarda che un lavoro ce l'ho anch'io, eh», oppure: «Tanto tu non ci sei mai», di fronte alle mie assenze dalla scuola dei bambini, per esempio. Col tempo però è molto cambiato. Ogni tanto si arrabbia perché lavoro troppo, perché non metto mai dei limiti, a niente e nessuno. Però mi sostiene sempre. Anche quando pensa che i miei tweet siano troppo provocatori. Anzi è sempre Max che alle volte mi dice: «Vai, vai con le *zeppate*, che quando sei brutalmente onesta la gente ti vuole ancora più bene».

Perciò gli sono grata per il suo supporto.

E lo ringrazio anche per il suo lavoro di analisi economica e per quello che ha scritto sulla Palestina. Non dimentico che, in uno degli ultimi rapporti che il mio predecessore, Michael Lynk, ha scritto per le Nazioni Unite, nel 2021, quando non sapeva neanche che io esistessi, lui muoveva una grossa critica alla Banca Mondiale per avere aiutato la normalizzazione dell'occupazione israeliana. Aggiungeva però che l'unico rapporto della Banca Mondiale che si salvava era quello sui costi dell'occupazione in Cisgiordania per l'economia palestinese, ovvero il primo su cui Max aveva lavorato quando era stato assunto alla Banca Mondiale nel 2012.

Grazie, Max, perché sei sempre pieno di idee. Grazie perché sei buono e generoso, e perché per me non avrebbe senso parlare della Palestina senza di te.

Per le lacrime che in questi ultimi anni hai raccolto, e per quelle che mi hai aiutato a non versare, con la tua forza e ironia incendiaria. Grazie di avermi sostenuta in questi anni gravosi, incoraggiandomi sempre a perseverare. Anche di fronte all'orrore della morte che, seppur fisicamente lontana, ha soffiato opprimente sulle nostre vite, straziando le nostre notti per lunghi mesi. Grazie per le tante volte in cui mi hai aiutato a trasformare tristezza e rabbia in determinazione, permettendomi di agire con incisività, senza mai indietreggiare. Ti ringrazio per avermi aiutato a vedere, capire e cominciare a esporre anche agli altri la natura *mafiosa* del sistema contro il quale combattiamo insieme, al fine di costruire un presente di cui non doverci vergognare e per non distruggere, o ipotecare oltre, il futuro dei nostri figli e degli altri bambini, che sempre figli sono.

Grazie poi a tutte le anime belle incontrate in questi anni, troppe perché le nomini tutte: vi porto con me. Al mio team di «costruttori di pace» indefessi: Sara Troian si è data anima e corpo al mio mandato per due anni, i primi, così incerti ma fondamentali. Ti voglio bene Sara, e sono felice di saperti altrove a fare cose meravigliose. Alle mie collaboratrici più strette, quelle senza le quali molto di ciò che si vede fuori non sarebbe possibile: Melissa O'Donnell, colonna portante per me dai mesi funesti in cui è cominciato il genocidio; Amal Loubani, la cui pazienza e dolcezza sono seconde solo alla sua caparbia dedizione al lavoro; e *last but not least* Teresa Rasella, che è tutto quello che non può mancare in un angelo custode. A voi tre dico: non ce le ho tutte le parole per ringraziarvi. Solo, andiamo avanti, la strada è ancora lunga.

Alle ricercatrici e ai ricercatori, ai colleghi universitari, uno fra tutti Nicola Perugini dell'Università di Edimburgo, che insieme a Luigi Daniele dell'Università di Nottingham è una sorta di Mago Merlino, ispirazione e supporto costante.

Grazie alla società civile palestinese, sotto occupazione e nella diaspora – siete troppi, ma vi ringrazio tutti – e, in Israele, ad Amos Goldberg e Itay Epshtain. Daniel Levy non si trova più in Israele, ma per me ne rappresenta la parte migliore.

Ringrazio la mia famiglia estesa di amici, soprattutto quelli di Tunisi, che tanto hanno sostenuto me e i miei cari in questi mesi complessi: Marija Maya Nikolić e Budimir Buda Milić, Iman Simon, Ahmed Shihab-Eldin,

Vittoria Capresi, Stefano Cozzani, Manal Warde e gli amici tunisini preziosi difensori dei diritti umani.

Tutti quelli incontrati per strada, quelli con cui la strada è cominciata, dalla mia amata Ariano in poi: mamma Libera, mio fratello Giuseppe e mia sorella Lella. A mia madre va il ringraziamento più grande per tutto quello che mi ha dato, per tutti i piccoli semi che in me ha piantato, insegnandomi a essere indipendente, la base necessaria per essere libera.

I miei figli Leila e Giordano, con la meraviglia nel cuore che è propria della mia esperienza di essere la loro mamma, e non senza rammarico per quanto peso ho caricato sulle loro piccole spalle negli ultimi anni, fatti di assenza e tormento indotto dal genocidio, che non sempre sono riuscita a tenere rinchiuso nel mio studio.

E in ultimo, ma non da ultime, Angela Lombardo, Marina Mercuriali, Marianna Loy, Adele Iannone e lo Studio Littera, che hanno aiutato questa creatura che adesso stringi tra le mani a venire al mondo, e senza le cui domande, consigli, pazienti cure, questo libro a me tanto caro non avrebbe mai visto la luce.

Bibliografia[*]

Hind

Ashly J., *Sheikh Jarrah: When my enemy is my neighbour*, Al Jazeera, 3 ottobre 2016; aljazeera.com/news/2016/10/3/sheikh-jarrah-when-my-enemy-is-my-neighbour

Defence for Children International, *Two-year-old Palestinian boy shot in head by Israeli forces dies in hospital*, 5 giugno 2023; dci-palestine.org/two_year_old_palestinian_boy_shot_in_head_by_israel_forces_dies_in_hospital

Forensic Architecture, *The Killing of Hind Rajab*, 21 giugno 2024; forensic-architecture.org/investigation/the-killing-of-hind-rajab

OCHA (Ufficio delle Nazioni Unite per il coordinamento degli aiuti umanitari), *Displacement of Palestinian herders amid increasing settler violence*, 21 settembre 2023; www.ochaopt.org/content/displacement-palestinian-herders-amid-increasing-settler-violence

OCHA, *Humanitarian situation update #275 Gaza Strip*, 26

* Tutti i link forniti sono verificati ad aprile 2025.

marzo 2025; reliefweb.int/report/occupied-palestinian-territory/humanitarian-situation-update-275-gaza-strip

Rapporto della Relatrice speciale sulla situazione dei diritti umani nel territorio palestinese occupato dal 1967, Francesca Albanese, UN Doc. A/78/545 (20 ottobre 2023); docs.un.org/en/A/78/545 (in inglese).

UNICEF, *How many children live in the State of Palestine?*; data.unicef.org/how-many/how-many-children-under-18-are-there-in-the-state-of-palestine

Per approfondire

Lyons J., *Cold stone justice*, ABC News, 10 febbraio 2024; www.abc.net.au/news/2014-02-10/stone-cold-justice-promo/5245064

Wachsmann D., *Two kids a day*, docu-film, 2022.

Abu Hassan

Amnesty International, *Israel's apartheid against Palestinians: Cruel system of domination and crime against humanity*, 1 febbraio 2022; www.amnesty.org/en/documents/mde15/5141/2022/en

«Arbitrary deprivation of liberty in the occupied Palestinian territory: the Palestinian experience behind and beyond bars», Rapporto della Relatrice speciale sulla situazione dei diritti umani nel territorio palestinese occupato dal 1967, Francesca Albanese, UN Doc. A/HRC/53/59 (28 agosto 2023); docs.un.org/en/A/HRC/53/59 (in inglese).

OCHA, *Dignity denied: Life in the settlement area of Hebron city*, febbraio 2020; www.ochaopt.org/content/dignity-denied-life-settlement-area-hebron-city

OHCHR (Alto commissariato delle Nazioni Unite per i diritti umani), *«Tragedy foretold and stain on our collective humanity»: Special Rapporteur warns of mass ethnic cleansing in the West Bank*, 18 marzo 2025; www.ohchr.org/en/press-releases/2025/03/tragedy-foretold-and-stain-our-collective-humanity-special-rapporteur-warns

Sand S., *L'invenzione del popolo ebraico*, Mimesis Edizioni, Udine 2024.

Statuto di Roma della Corte penale internazionale (adottato il 17 luglio 1998, entrato in vigore il 1° luglio 2002), 2187 UNTS 3; treaties.un.org/doc/Treaties/1998/07/19980717%2006-33%20PM/volume-2187-I-38544-English.pdf (in inglese).

«United Nations Standard Minimum Rules for the Treatment of Prisoners (the Nelson Mandela Rules)», Risoluzione adottata dall'Assemblea generale il 17 dicembre 2015, UN Doc. A/RES/70/175; docs.un.org/en/A/RES/70/175 (in inglese).

Wiles R., *Remembering the Ibrahimi Mosque massacre*, Al Jazeera, 24 febbraio 2014; www.aljazeera.com/gallery/2014/2/24/remembering-the-ibrahimi-mosque-massacre

Per approfondire

Theroux L., *The settlers*, documentario, 2025; www.youtube.com/watch?v=DUeAqykYrGM

George

Albanese F., Takkenberg L., *Palestinian Refugees in International Law*, Oxford University Press, Oxford 2020.

Assemblea generale delle Nazioni Unite, «Resolution 181 (II)

B: Future constitution and government of Palestine», 29 November 1947, UN Doc. A/RES/181(II), sezione B; docs.un.org/en/A/RES/181(II) (in inglese e francese).

Corte internazionale di giustizia, Parere consultivo sulle Conseguenze giuridiche della costruzione di un muro nel territorio palestinese occupato, 2004; www.icj-cij.org/case/131?utm_source=chatgpt.com

Muna El-Kurd: «You are Stealing my House», video pubblicato da UN Exhibits il 23 novembre 2022; www.youtube.com/watch?app=desktop&v=SAEOVWSBzao

Parenzo S., *Irruzione all'Educational Bookshop, libri confiscati e proprietari in manette*, «il manifesto», 11 febbraio 2025; ilmanifesto.it/irruzione-alleducational-bookshop-libri-confiscati-e-proprietari-in-manette

Per approfondire

East Jerusalem: Sharing our house with Israeli settlers in Sheikh Jarrah, video pubblicato da «The Guardian» l'8 giugno 2011; www.youtube.com/watch?v=ksnLom8OD9E&t=189s

Alon

Alleanza internazionale per la memoria dell'Olocausto, *La definizione di antisemitismo dell'Alleanza internazionale per la memoria dell'Olocausto*, 26 maggio 2016; holocaustremembrance.com/resources/la-definizione-di-antisemitismo-dellalleanza-internazionale-per-la-memoria-dellolocausto

Bartov O., Browning C.R., Caplan J., Dwork D., Feldman D. *et al.*, *An open letter on the misuse of Holocaust memory*,

«The New York Review», 20 novembre 2023; www.nybooks.com/online/2023/11/20/an-open-letter-on-the-misuse-of-holocaust-memory

Blackhawk N., *The Rediscovery of America. Native Peoples and the Unmaking of U.S. History*, Yale University Press, Londra 2024.

«Combating glorification of Nazism, neo-Nazism and other practices that contribute to fuelling contemporary forms of racism, racial discrimination, xenophobia and related intolerance», Rapporto della Relatrice speciale sulle forme contemporanee di razzismo, discriminazione razziale, xenofobia e intolleranza a esse correlate, E. Tendayi Achiume, UN Doc. A/77/512 (7 ottobre 2022); docs.un.org/en/A/77/512 (in inglese).

Commissione europea, *Definition of antisemitism*; commission.europa.eu/strategy-and-policy/policies/justice-and-fundamental-rights/combatting-discrimination/racism-and-xenophobia/combating-antisemitism/definition-antisemitism_en

Diritti umani in Palestina. La presentazione in Italia del primo rapporto della Relatrice speciale delle Nazioni Unite, Francesca Albanese, «Altreconomia», gennaio 2023; altreconomia.it/prodotto/dossier-palestina

Jerusalem Declaration on Antisemitism; jerusalemdeclaration.org

OCHA, *Data on casualties*; www.ochaopt.org/data/casualties (ultimo aggiornamento aprile 2025).

ONU, Convenzione internazionale sull'eliminazione di ogni forma di discriminazione razziale (adottata il 21 dicembre 1965, entrata in vigore il 4 gennaio 1969), 660 UNTS 195; volume-660-I-9464-English.pdf (in inglese).

Rapporto della Relatrice speciale sulla situazione dei diritti umani nel territorio palestinese occupato dal 1967, Francesca Albanese, UN Doc. A/77/356 (21 settembre 2022); docs.un.org/en/A/77/356 (in inglese).

Sereni C., *Il gioco dei regni*, Giunti, Firenze 2022.

Shlaim A., *In defence of Francesca Albanese*, 17 dicembre 2022; static1.squarespace.com/static/57260f202eeb8180abc89d93/t/6514e875e5bca113a8a0ff6f/1695869046079/Avi+Shlaim+letter.pdf

Shlaim A., *Oom-Shmoom: Israel's battle against the United Nations*, «Jadaliyya», 7 luglio 2023; www.jadaliyya.com/Details/45189/Oom-Shmoom-Israel%E2%80%99s-Battle-against-the-United-Nations

Ingrid

«Anatomy of a genocide», Rapporto della Relatrice speciale sulla situazione dei diritti umani nel territorio palestinese occupato dal 1967, Francesca Albanese, UN Doc. A/HRC/55/73 (1° luglio 2024); docs.un.org/en/A/HRC/55/73 (in inglese).

B'Tselem, *A regime of Jewish supremacy from the Jordan River to the Mediterranean Sea: This is apartheid*, 12 gennaio 2021; www.btselem.org/publications/fulltext/202101_this_is_apartheid

Corte internazionale di giustizia, Conseguenze giuridiche per gli Stati della permanenza del Sudafrica in Namibia (Africa del Sud-Ovest) nonostante la risoluzione 276 (1970) del Consiglio di Sicurezza (parere consultivo), 1971; www.icj-cij.org/case/53

Dhlamini B., *How Irish Dunnes Stores workers who fought against South African apartheid inspire radical Palestine so-*

lidarity, «The New Arab», 28 luglio 2023; www.newarab.com/opinion/boycotts-turn-tides-lessons-irish-anti-apartheid

«Genocide as colonial erasure», Rapporto della Relatrice speciale sulla situazione dei diritti umani nel territorio palestinese occupato dal 1967, Francesca Albanese, UN Doc. A/79/384 (1° ottobre 2024); docs.un.org/en/A/79/384 (in inglese).

Human Rights Watch, *A Threshold Crossed. Israeli Authorities and the Crimes of Apartheid and Persecution*, 27 aprile 2021; www.hrw.org/report/2021/04/27/threshold-crossed/israeli-authorities-and-crimes-apartheid-and-persecution

ONU, Convenzione internazionale sull'eliminazione di ogni forma di discriminazione razziale (adottata il 21 dicembre 1965, entrata in vigore il 4 gennaio 1969), 660 UNTS 195; volume-660-I-9464-English.pdf (in inglese).

«Stop the ethnic cleansing»: Watch Oscar speech of Palestinian, Israeli directors of No Other Land, video pubblicato da Democracy Now! il 3 marzo 2025; www.youtube.com/watch?v=kSvdSkanmIs

Yeshi Din, *The occupation of the West Bank and the crime of Apartheid: Legal Opinion*, 9 luglio 2020; www.yesh-din.org/en/the-occupation-of-the-west-bank-and-the-crime-of-apartheid-legal-opinion

Per approfondire

BADIL (Resource Center for Palestinian Residency and Refugee Rights); badil.org

BDS (Boycott, Divestments, Sanctions); bdsmovement.net

Daniele L., Perugini N., Albanese F., *Humanitarian Camouflage: Israel Rewrites the Laws of War to Legitimize Genocide in Gaza*, Institute for Palestine Studies, novembre 2024.

Loewenstein A., *Laboratorio Palestina. Come Israele esporta la tecnologia dell'occupazione in tutto il mondo*, Fazi Editore, Roma 2024.

Ghassan

«A Genocidal Project»: Dr. Ghassan Abu-Sittah on Israel's destruction of Gaza health system, video pubblicato da Democracy Now! il 20 dicembre 2024; www.youtube.com/watch?v=NZoQP3kOj2o

FIFDH 2025, Crossed voices: Francesca Albanese and Dr. Ghassan Abu Sittah, video pubblicato da FIFDH Genève il 9 marzo 2025; www.youtube.com/watch?v=-3tqyd-N3o0

Gaza surgeon Ghassan Abu Sitta responds to Biden's remarks on Palestinian death toll, video pubblicato da Middle East Eye il 28 ottobre 2023; www.youtube.com/watch?v=Vy0OtFBIneI

Horton R., *Offline. Israel-Gaza: what comes next?*, «The Lancet», novembre 2023; www.thelancet.com/journals/lancet/article/PIIS0140-6736(23)02398-X/fulltext

ICJP, *Dr Ghassan Abu Sittah vindicated as application by General Medical Council to suspend him from practicing is rejected*, 27 agosto 2024; www.icjpalestine.com/2024/08/27/dr-ghassan-abu-sittah-vindicated-as-application-by-general-medical-council-to-suspend-him-from-practicing-is-rejected

Kelly A., Osman H., Jallad F., *No rules': Gaza's doctors say they were tortured, beaten and humiliated in Israeli detention*, «The Guardian», 25 febbraio 2025; www.theguardian.com/global-development/2025/feb/25/israel-gaza-doctors-surgeons-healthcare-detention-international-law

Medici Senza Frontiere, *Strikes, raids and incursions. Over a year of relentless attacks on healthcare in Palestine*, 7 gennaio 2025; www.msf.org/strikes-raids-and-incursions-year-relentless-attacks-healthcare-palestine

Physicians for Human Rights, *Unlawfully detained, tortured and starved: the plight of Gaza's medical workers in Israeli custody*, febbraio 2025; www.phr.org.il/wp-content/uploads/2025/02/6265_DetentionReport_Eng.pdf

Eyal

Albanese F., *Germany tried to silence me, a UN official, for talking about Israel's Genocidal War in Gaza*, «Zeteo», 19 marzo 2025; zeteo.com/p/germany-tried-to-silence-me-a-un

Albanese F., Takkenberg L., *Palestinian Refugees in International Law*, Oxford University Press, Oxford 2020.

Erasing palestinian life in Gaza: Israel's genocide exposed. Francesca Albanese & Eyal Weizman, video pubblicato da Palestine Deep Dive il 18 novembre 2024; www.youtube.com/watch?v=8Ouu_ABYJGo

Forensic Architecture, *A cartography of genocide. Israel's conduct in Gaza since october 2023*, 25 ottobre 2024; forensic-architecture.org/investigation/a-cartography-of-genocide

Forensic Architecture, *Genocide in the Ixil triangle*, 1° febbraio 2014; forensic-architecture.org/investigation/environmental-violence-and-genocide-in-the-ixil-triangle

Forensic Architecture, *Restituting evidence. Genocide and reparations in German colonial Namibia*, 4 novembre 2022; forensic-architecture.org/investigation/restituting-evidence-genocide-and-reparations-in-german-colonial-namibia-phase-1

Francesca Albanese, Eyal Weizman & more expose western complicity on Gaza genocide, video pubblicato da DiEM25 il 21 febbraio 2025; www.youtube.com/watch?v=qwD890CleCk

Health Cluster-Occupied Palestinian Territory, *Unified health dashboard*; app.powerbi.com/view?r=eyJrIjoiODAxNTYzMDYtMjQ3YS00OTMzLTkxMWQtOTU1N-WEwMzE5NTMwIiwidCI6ImY2MTBjMGI3LWJkMjQtNGIzOS04MTBiLTNkYzI4MGFmYjU5MCIsIm-MiOjh9 (ultimo aggiornamento 21 aprile 2025).

Holocaust Encyclopedia, *How many people did the nazis murder?*; encyclopedia.ushmm.org/content/en/article/documenting-numbers-of-victims-of-the-holocaust-and-nazi-persecution

ONU, Convenzione per la prevenzione e la repressione del delitto di genocidio (approvata con risoluzione dell'Assemblea generale ONU n. 260 A [III] del 9 dicembre 1948, entrata in vigore il 12 gennaio 1951); www.un.org/en/genocideprevention/documents/atrocity-crimes/Doc.1_Convention%20on%20the%20Prevention%20and%20Punishment%20of%20the%20Crime%20of%20Genocide.pdf (in inglese).

Pappé I., *La pulizia etnica della Palestina*, Fazi Editore, Roma 2008.

Rapporto della Relatrice speciale sulla situazione dei diritti umani nel territorio palestinese occupato dal 1967, Francesca Albanese, UN Doc. A/77/356 (21 settembre 2022); docs.un.org/en/A/77/356 (in inglese).

Roy S., *The Gaza Strip. The Political Economy of De-development*, Institute for Palestine Studies, Washington 2016.

Weizman E., *Spaziocidio. Israele e l'architettura come strumento di controllo*, Mondadori, Milano 2022.

Per approfondire

Goldberg A., *Yes, it is genocide*, Medium, 18 aprile 2024; thepalestineproject.medium.com/yes-it-is-genocide-634a07ea27d4

Rapaport N., Rickett O., *Israeli historian produces vast database of war crimes in Gaza*, Middle East Eye, 6 dicembre 2024; www.middleeasteye.net/news/israeli-historian-produces-vast-database-war-crimes-gaza

Segal R., *A textbook case of genocide*, «Jewish Currents», 13 ottobre 2023; jewishcurrents.org/a-textbook-case-of-genocide

Malak

Albanese F., Takkenberg L., *Palestinian Refugees in International Law*, Oxford University Press, Oxford 2020.

Pappé I., *La pulizia etnica della Palestina*, Fazi Editore, Roma 2008.

Per approfondire

Abulhawa S., *Ogni mattina a Jenin*, Feltrinelli, Milano 2006.

Abu Sitta, S., *La mappa del mio ritorno. Memoria palestinese*, Edizioni Q, Roma 2020.

Khalidi R., *Palestina. Cento anni di colonialismo, guerra e resistenza*, Laterza, Roma-Bari 2025.

Palestine Land Society; plands.org

Gabor

Bashir B., Goldberg A. (a cura di), *Olocausto e Nakba. Narrazioni tra storia e trauma*, Zikkaron, Bologna 2023.

Dr. Gabor Maté: 7 impacts of trauma, video pubblicato da

Wholehearted il 10 novembre 2022; www.youtube.com/watch?v=O5jmsJAClpw

Gabor Mate's life advice will leave you speechless, video pubblicato da Motivation Mentors l'8 gennaio 2025; www.youtube.com/watch?v=fYOvUOPyOcA

Maté G., *Il mito della normalità. Trauma, malattia e guarigione in una cultura tossica*, Astrolabio, Roma 2023.

Maté G., *The roots of healing*, podcast pubblicato sulla piattaforma Sounds True il 21 marzo 2017; resources.soundstrue.com/podcast/gabor-mate-the-roots-of-healing

Ultimo video di Refaat Al-Areer, condiviso su Instagram da Mosab Abutoha il 7 dicembre 2023; www.instagram.com/reel/C0kLXvxoerW

Working with collective trauma: Gabor Maté & Thomas Hübl, video pubblicato da Science and Nonduality il 15 agosto 2019; www.youtube.com/watch?v=FhlVIhjZj4k&t=476s

Per approfondire

Alareer R., *If I Must Die. Poetry and Prose*, OR Books, New York 2024.

Indice

Finito di stampare nel mese di settembre 2025
su carta HOLMEN proveniente da foreste sostenibili holmen.com/paper
presso Grafica Veneta, Trebaseleghe (PD)
Printed in Italy